Der Duft der Sehnsucht

Angela Fischer
im Gespräch mit Eva Mayer

Der Duft der Sehnsucht

Weibliche Spiritualität im Alltag

Klar Verlag Augsburg

www.klar-verlag.de
ISBN 978-3-938461-05-1

Grafik, Layout, Satz: Klar Verlag
Fotos: Angela Fischer, Uwe Friedrich, Eva Mayer

Umwelthinweis:
Dieses Buch wurde von Kessler Druck + Medien
in Bobingen bei Augsburg gedruckt.

Inhalt

Der Weg zum Buch

von Eva Mayer

Alltag. Tagein, tagaus das Gleiche. Immer der gleiche Trott. In Windeseile alles erledigen. Man will ja auch noch leben. Etwas haben von diesem Tag. Entspannen oder essen gehen oder einen Film anschauen. Und so vergeht ein Tag nach dem anderen. Wie im Flug. Man muss nur durchhalten. Bis zum Abend. Bis zum Wochenende. Bis zum nächsten Urlaub. Dann kann man wieder durchatmen ... Und die Sehnsucht nach einem erfüllten Leben in Einheit wächst. Tag für Tag.

Dass weder der Abend, noch das Wochenende, noch der Urlaub dauerhaft glücklich machen, ist eine verbreitete, leidvolle Erfahrung. So schön, erholsam und bereichernd diese besonderen Zeiten auch immer sein mögen, meist bringt die Rückkehr in den Alltag auch die Rückkehr der grauen Schleier mit sich. Es wird wieder eng. Die alten Probleme tauchen wieder auf und manchmal ist schon nach kurzer Zeit nichts mehr von dieser anderen, schönen, erholsamen und bereichernden Welt zu spüren.

Warum – so fragt man sich jedes Mal, wenn die Schleier einen wieder eingefangen haben –, warum reichen die schönen Stunden nicht aus, um die sogenannten alltäglichen Stunden heller und lichter zu machen? Was ist an diesem Alltag, dass er immer wieder so schwierig sein muss? Warum helfen auch die Stunden der Sammlung oder der Meditation, die ja meist Zentrierung und Ruhe bringen, im Fall des Falles manchmal nicht weiter? Was fehlt? Was ist der eigentliche Mangel?

Über ein Buch bin ich auf Angela Fischer aufmerksam geworden. Sie schrieb darüber, dass Frauen anders meditieren als Männer, da sie eine andere, tiefere Verbindung zu ihrem Körper und zum Leben haben als Männer. Frauen könnten dementsprechend den spirituellen Weg auf eine andere Weise gehen und für viele wäre dies auch wichtig. Nicht für alle. Aber für viele.

Vom ersten Moment an war etwas tief in mir berührt. Angela Fischer teilte sich auf eine Art mit - so empfand ich es spontan und die Gespräche mit ihr haben dies für mich bestätigt –, die lebendig war, die etwas Essentielles enthielt, die das Wesentliche benannte und so in Worte fasste, dass Herz und Verstand gleichermaßen angesprochen wurden und dabei das Gesagte eine echte, konkrete Hilfe darstellte. Ich nahm Kontakt mit ihr auf und wir einigten uns ohne große Umstände auf dieses Buch-Projekt, auf einen Versuch, das Unerklärliche in Worte zu fassen und in unmittelbaren Bezug zu setzen zu unserem alltäglichen Leben.

Genau genommen ist Alltag immer. Alltag ist alle Tage. Alltag ist schlicht eine Aneinanderreihung von Momenten. Die Probleme mit dem Alltag entstehen, wenn man durch eine wertende Betrachtungsweise in Alltag und Nicht-Alltag unterscheidet und einordnet.

Selbst wenn man sich schon mit der sogenannten Welt hinter der Welt befasst oder einem spirituellen Pfad folgt, und man sich schon recht „mittig" fühlt, ist es meist so, dass einen der Alltag immer wieder „einholt". Ruhe, Zufriedenheit, Gelassenheit verschwinden von einer Sekunde auf die andere, wenn gewisse Routinen ablaufen, wenn gewisse wunde Punkte berührt werden.

Letztendlich ist es der Alltag, der zeigt, was verstanden und zutiefst verinnerlicht wurde und was nicht. Hier trennt sich theoretisches Wissen von praktischem Wissen. Hier zeigt sich, was durchdrungene Spiritualität und was eine „Satelliten-Spiritualität" ist, die auf einer Ebene oder auch auf mehreren Ebenen gut funktioniert, die jedoch in Stresssituationen wie von einem schwarzen Loch verschluckt zu sein scheint und letztlich immer noch abgekoppelt ist vom eigentlichen Leben.

Die meisten spirituellen Pfade empfehlen zumindest den zeitweiligen Rückzug aus dem Alltag oder schreiben ihn sogar vor, meist gepaart mit körperlicher Enthaltsamkeit. Für viele Menschen ist ein Rückzug in aller Konsequenz nicht umsetzbar. Meistens sind es die Frauen, die stärker auch über längere Zeiträume in den Alltag mit seinen Alltags-Räumen eingebunden sind, teils durch äußere Umstände, teils aber vielleicht auch innerlich bedingt. Frauen sind die Hüterinnen des Lebens. Ein Rückzug der Frauen vom eigentlichen Leben hat und hätte fatale Folgen.

Wie Spiritualität und Alltag auf die weibliche Art und Weise wirklich in Einklang gebracht werden können - Antwort auf diese Frage zu bekommen, dafür schien mir Angela Fischer auf Anhieb die richtige Gesprächspartnerin zu sein. Sie ist eine im besten Sinne des Wortes **normale** Frau. Um die 50, klug, zurückhaltend, gleichzeitig herzlich, hell und klar in der Ausstrahlung, ohne den Hauch einer Guru- oder Meisterattitüde. Bereits als junge Frau war sie innerlich auf der Suche und hatte diese Sehnsucht gespürt, die nichts in dieser Welt zu stillen vermag. Nach dem Studium der Soziologie trennte sie sich von all ihrem Besitz und machte sich auch äußerlich auf den Weg. Sie erforschte alte matriarchale Kulturen, lebte mit anderen Frauen in der Natur, in einfachen Hütten, hütete Kühe und bestellte Felder. Inzwischen ist ihr Leben äußerlich „normal" geworden: Heute wohnt sie mit ihrem Mann und ihren vier Kindern in einem kleinen Dorf in Norddeutschland.

So gerne sie auch zurückgezogen und verborgen lebt, Angela Fischer wird gesucht und gefunden. Viele Menschen, vor allem Frauen, besuchen ihre Seminare und Retreats. Die meisten gehen mit ihr gemeinsam einen Weg, in dessen Mittelpunkt die Einheit des Lebens steht. Hierbei spielt eine zentrale Rolle das Wiedererwecken des weiblichen Wissens um die Ganzheit.

Angela Fischer folgt dem Pfad der schweigenden, oder – wie sie auch genannt werden – der goldenen Sufis. Der Ursprung dieser Sufi-Richtung liegt in Indien. Es ist ein freier und moderner Pfad, ohne strenge Meditationspraxis, ohne körperliche Askese, ohne Bindung an eine Religion. Die Transformation geschieht über die liebende Hingabe.

Noch ein paar Anmerkungen zu diesem Buch:

In vier Gesprächen habe ich Angela Fischer zu grundlegenden Alltagsthemen befragt. Hierbei war mir wichtig, dass häufige Alltags-Einzelfälle und -Beispiele konkret angesprochen wurden, anhand derer eine dahinterliegende Grundsätzlichkeit Gestalt annehmen konnte. Im Laufe der Gespräche ist ein Fluss entstanden, der die verschiedenen Themen immer wieder in andere Zusammenhänge und auf andere Verstehensebenen trug. So habe ich manchmal gleiche oder ähnliche Fragen nochmals gestellt, doch jede Antwort war es wert, dass ein weiteres Mal gefragt wurde.

Die gesprochene Sprache ist bewusst so erhalten geblieben und nicht grundlegend verändert worden. Durch diese Gesprächssprache verteilt sich der dichte Inhalt auf mehrere Zwischengedanken und Zwischenformulierungen. Der Text ist insofern leichter zu lesen und auch leichter zu verarbeiten.

Lachen, Fröhlichkeit und Heiterkeit sind durch den Zusatz – [lacht] – kenntlich gemacht. Die [lacht]-Skala reichte von „schmunzeln" bis „lauthals lachen". Ich habe mich jedoch für eine einheitliche Benutzung des Zusatzes [lacht] ohne Differenzierung entschieden, um dieser Stimmungsäußerung im Gesamtzusammenhang nicht zuviel Bedeutung beizumessen.

An den Gesprächen haben wir nichts verändert. Die Gespräche sind in dieser Reihenfolge abgelaufen und hinterher nicht „in Struktur gebracht worden". Auch inhaltlich wurde nichts hinzugefügt. In den Fragen und Antworten sind die Inhalte widergespiegelt, die im jeweiligen Augenblick präsent waren. Sie sind genau das, was der Augenblick enthielt. Nicht weniger und auch nicht mehr. Insofern sind diese Gespräche auch nicht als umfassende Abhandlung zu verstehen, sondern eher wie Momentaufnahmen einer dahinter liegenden Stille zu sehen.

Das Inhaltsverzeichnis des Buches ist nicht besonders aussagekräftig, weil die dafür notwendigen, detaillierten Überschriften den Fluss der Gespräche gestört hätten. Um jedoch Passagen, die Ihnen wichtig erscheinen, nochmals nachlesen zu können, befindet sich auf den letzten Seiten ein Stichwortverzeichnis, mit dessen Hilfe Sie hoffentlich die entsprechenden Stellen schnell finden.

Keine erzwungene Struktur, den Fluss erhalten, das Muster, das entstehen will, sich entfalten lassen - dies erschien uns für dieses Buch die geeignete Form. So gesehen ist es vielleicht als konsequent weiblich zu bezeichnen.

Zwei Begrifflichkeiten möchte ich vorab etwas erläutern:

Er, Ihn, Ihm, Es, Etwas – groß geschrieben – bezeichnet immer Gott, das Göttliche, die Leere, die Stille, den Geliebten, wie auch immer man Ihn, Sie oder Es nennen will. Die Antwort auf die Frage, was Angela Fischer unter dem Begriff „Gott“ verstehe, findet sich ab Seite 60.

Auf Seite 28 wird der Begriff Dhyana benutzt, der erst später (Seite 70) näher erläutert wird. Soviel schon an dieser Stelle: Dhyana ist ein Meditationszustand.

Dieses Buch über weibliche Spiritualität im Alltag ist eingebettet in den Alltag entstanden – keine Reise an einen speziellen Ort, keine grundsätzliche Auszeit vom Alltag. Für die Gespräche haben wir uns an vier aufeinanderfolgenden Tagen für jeweils ein paar Stunden bei Angela im Meditationsraum getroffen. Dessen heller, weißer Teppich trägt nun einen Fleck ...

In diesem Meditationsraum sind auch die Tonaufnahmen der beiliegenden CD entstanden. Auf der CD befinden sich eine Übung und eine Meditation, beide von Angela Fischer angeleitet. Sie sind als Hilfe gedacht, das Gelesene auf eine andere Erfahrungsebene bringen zu können.

Die Übung ist auf der CD mit einer Dauer von 9.00 Minuten angegeben. Wundern Sie sich nicht! Nach 6.40 Minuten ist die Übung vorbei. Die verbleibenden 2.20 Minuten geben Ihnen Zeit, sich in Ruhe wieder im Alltag einzufinden, bevor der nächste Track, die Meditation, anläuft.

Nun wünsche ich uns – Frauen und Männern gleichermaßen –, dass der Duft der Sehnsucht uns anziehen möge, dass das Erinnern Fuß fassen möge, dass dieses Buch und diese CD uns eine Hilfe sein mögen auf dem Weg zu erkennen, dass Alltag keine Pflicht ist, sondern eine Gnade.

Der Fleck im Teppich

von Angela Fischer

Über eine lebendige Spiritualität im Alltag zu schreiben und sie zu leben macht einen himmelweiten Unterschied. Darüber zu sprechen statt zu schreiben kommt der Echtheit des gelebten Augenblicks möglicherweise einen kleinen Schritt näher, weil ein wirkliches Gespräch sich in seiner Unmittelbarkeit aus der Quelle der Erfahrung speist. Doch immer noch fehlt auch dem Gespräch „über etwas" die Spontaneität des Lebens und die gesammelte Herausforderung des Alltags, die es braucht, um wirklich eins zu sein mit dem, worüber wir sprechen.

So habe ich es häufig erlebt und nicht selten wie einen Wermutstropfen empfunden: Unvermeidlich scheint die Erfahrung der Trennung zu sein, in allem, was existiert.

Zwischen Lesendem und Schreibendem, zwischen Zuhörer und Erzähler, zwischen Fragendem und Antwortendem und vor allem auch zwischen Wort und Inhalt bleibt meistens ein „Etwas", jenes „Dazwischen", das die beiden in der Dualität belässt, sie in jene Zugehörigkeiten einteilt und damit trennt.

Wenn wir über das Leben sprechen, so befassen wir uns mit einer Ganzheit. Das Leben in sich ist nicht getrennt.

Ich meine das wirkliche Leben. Ich meine jenen eigenen organischen, vieldimensionalen, überraschenden, ständig bewegten und in sich verwobenen Organismus - etwas, an dem wir teilhaben dürfen und das uns als eine Einheit geschenkt wird.

Das Leben ist ein unmittelbarer Ausdruck des Göttlichen und von Gott gegeben – das Leben als Ganzes auf diesem Planeten, in diesem Universum.

Wir haben dem Leben unser Konzept der Trennung eingebrannt. Wir unterscheiden zwischen alltäglichem und spirituellem Leben, so wie wir Geist und Materie, Himmel und Erde, das Heilige und das Gewöhnliche voneinander trennen. Wir haben, vor allem in der westlichen Welt, vergessen, dass die Schöpfung göttlich ist und dass sie eine Ganzheit, eine Einheit bildet. Erst wenn wir wieder Gott erinnern können in der Ganzheit des Lebens - im Kloster *und* in der Küche, im Meditationsraum *und* in der Bahnhofshalle, in unberührter Natur *und* in der Großstadt -, erst dann kann sich das Leben wieder in voller Kraft entfalten und allmählich zu seiner ihm innewohnenden Harmonie zurückfinden. Es ist einfach, und doch ungewohnt, ja völlig neu für uns. Aber das Göttliche in allem wiedererkennen - das ist spirituelles Leben im Alltag.

Frauen haben eine besondere Beziehung zum Leben. Frauen haben Möglichkeiten, sich mühelos auf die organische Natur des Lebens einzustimmen. Das Weibliche hat die Fähigkeit, mit dem Leben, mit der Schöpfung auf besondere Weise in Beziehung zu treten. Weibliches Bewusstsein kann helfen, unser Konzept von Trennung und Getrenntheit aufzuheben. Das Weibliche selbst ist überall im Leben vorhanden.

Das weibliche Bewusstsein von der Einheit des Lebens aber ist uns nicht mehr einfach zugänglich. Wir müssen es gleichsam hervorholen aus den Tiefen längst vergessener Ozeane der Weisheit – ein weiter Weg. Immer wieder werden wir mit den alten Mustern der Trennung konfrontiert, mit dem Schmerz, die ersehnte Einheit nicht zu erfahren, mit unserer Unfähigkeit, sie wahrhaft zu leben.

Da gibt es den Wermutstropfen. Wir suchen nach der Einheit, und wenn wir hören, lesen oder sprechen über das, was kostbar, was glasklar ist und wie frisches Quellwasser schmeckt, ist da plötzlich ein winzig kleiner Tropfen Bitterkeit. Wir machen die Erfahrung von „Etwas, das dazwischen ist“. Und so ist es auch mir, wie anfangs erwähnt, manches Mal ergangen, wenn ich darüber sprach.

Dieses Mal war es ein wenig anders.
Ja, ich könnte im Nachhinein sagen, es kündigte sich bereits in den Schritten zur Vorbereitung der Gespräche an, die nun zum Inhalt dieses Buchs gewor-

den sind. Da waren Zeichen, Momente einer Klarheit, Unverstelltheit und Unmittelbarkeit, wie sie nur aus dem wirklichen Leben selbst hervorgehen können. Da war die Unbeirrbarkeit eines Flusses, der sich seinen Weg bahnt. Nicht, dass es nicht Hindernisse gegeben hätte. Aber wir wissen, dass das Wasser sich von Hindernissen nicht beirren lässt, dass es sich immer seinen Weg sucht, wenn es zum Meer will.

Ein äußerliches Hindernis stellte die Tatsache dar, dass es sich um zwei Menschen handelte, die sich vorher nicht einmal kannten, keine offensichtlichen Berührungspunkte hatten, was ihren Weg betraf, jedoch ein Gespräch über das Heilige im Alltag führen wollten, das verständlich sein sollte, nicht nur für zwei, sondern für mehrere Menschen. Immer gibt es da die Frage: Lässt sich die Dualität so weit aufheben, dass wirklich etwas vermittelt werden kann? Findet man zueinander?

Wir führten unsere Gespräche, die wir aufzeichneten, in unserem Meditationsraum, in dem täglich viel meditiert wird. Ein Ort, an dem häufig meditiert wird, trägt eine gewisse Schwingung, so auch dieser Raum. Es ist die Schwingung der Leere.

Eva Mayer, meine Interviewpartnerin, begegnete dem inneren wie auch dem äußeren Raum unseres Treffens mit viel Respekt. Achtung und Respekt sind Grundpfeiler menschlicher und spiritueller Ethik. Doch gehen sie leicht eine Verbindung ein mit jener Haltung oder Neigung zu überhöhen, was wir respektieren. Wir bauen Podeste und Altäre - wir alle tun das - für das, was uns heilig ist. Auch dies ist Ausdruck von Trennung, ein Symptom auch jener Trennung, die wir machen zwischen dem, was heilig und dem, was gewöhnlich oder alltäglich ist. Vielleicht erschien der Raum ein wenig zu heilig ...

Jene Trennung jedenfalls kann ein Hindernis bilden, eines allerdings, das der Fluss des Lebens mit Leichtigkeit nimmt, wenn er gemäß seiner Natur der Einheit fließen will.

Und so geschah Folgendes: Um die intensive und konzentrierte Arbeit unserer Gespräche mit ein wenig mehr Behaglichkeit des alltäglichen Lebens anzureichern, habe ich am zweiten Tag unserer gemeinsamen Arbeit nicht nur Wasser, sondern Tee mit Milch mitgebracht. Evas Respekt vor dem Raum, seiner Stille und Leere, seinem reinen weißen Wollteppich war, wie wir bereits wissen, sehr groß: Und irgendwie passierte es, der Tee kippte um. So fürchterlich Leid es ihr tat, so sehr musste ich lachen!

Wir waren mitten im Leben angekommen.
Der Fleck hat den Alltag ins Heilige gebracht, oder das Heilige in den Alltag.

Für Mystiker gibt es den Ausspruch: „Wir müssen lernen zu versagen." Denn erst dann kommen wir auf die Ebene des Herzens, nehmen unser Mensch-Sein an und können so dem Göttlichen in jeder Form begegnen.

Von diesem Augenblick an war eine gewisse Trennung verschwunden. Es gab nicht mehr eine, die fragt, und eine andere, die antwortet. Vielmehr war etwas Drittes, das uns zuvor schon begleitet hatte, nun allein gegenwärtig. Wir nennen es Liebe, eine unpersönliche Liebe, jener Strom, der durch unsere Herzen fließt und uns in jedem Augenblick an die göttliche Gegenwart erinnert.

Dieser Strom trägt die Information für alles, was in diesem Moment gebraucht wird, er übermittelt und vermittelt und lässt uns das, was wir erleben, als Eines erfahren, an dem wir gemeinsam teilhaben.

Eine Freundin sagte mir neulich: „Wenn Frauen miteinander sprechen, dann weben sie. Die weibliche Art des Gesprächs ist wie das Weben eines Teppichs. Am Ende breitet sich nicht eine strukturierte Abfolge von Informationen, sondern ein Gebilde wie ein Teppich vor uns aus. Und jeder Teppich ist einzigartig."

Echte Orient-Teppiche erkennt man an einer Unregelmäßigkeit im Muster, einer Kleinigkeit, die nicht wirklich hineinpasst. Bei uns hat für die Echtheit der Tee mit Milch gesorgt.

Die Aufhebung der Trennung war ein Geschenk: Das Thema, über das wir sprachen und die Art und Weise, wie dies geschah, wurden eins. Die Wirklichkeit war ungeteilt, war einfach, war heilig und alltäglich zugleich.

Wenn sich etwas von dieser Einheit beim Lesen vermittelt, können Sie, liebe Leserinnen und Leser, möglicherweise erkennen, dass vieles von dem, was gesagt wurde, bereits vorher in Ihrem Herzen war, vielleicht auf eine in der Form leicht abgewandelte Weise, aber eins in seiner Essenz.

Es geht nicht um die Worte, es gibt etwas, das immer hinter den Worten liegt: Eine Stille, ein unendlich leerer weiter Raum. Und dieser leere Raum befindet sich wiederum mitten im Leben.

Wir alle, die wir uns danach sehnen, dass das Leben in seiner Ganzheit singt, wissen tief in uns, wie wir Spiritualität im Alltag leben können, jede und jeder auf ihre und seine eigene individuelle Art und Weise.

Wir sind zusammen auf dieser Welt, um uns gegenseitig daran zu erinnern. Und es dann zu leben.

Erstes Gespräch

Dieses Buch trägt den Titel: „Der Duft der Sehnsucht - weibliche Spiritualität im Alltag". Was heißt es für Dich, spirituell im Alltag zu leben?

Spirituell im Alltag zu leben, bedeutet leben. Wenn wir diese Trennung machen, zwischen spirituell leben und leben, dann konstruieren wir etwas, das nicht der Wahrheit entspricht. Ein wirkliches spirituelles Leben ist ein Leben, das nicht außerhalb von etwas – dem eigentlichen Leben – existiert. Das bedeutet für mich, ein Leben zu leben, in dem ich versuche, in jedem Moment diejenige zu sein, die ich wirklich bin, und in Gedenken dessen, was meinen Alltag trägt.

Wenn Du sagst, diejenige zu sein, die Du bist. Wie hast Du Dich gefunden?

Wie ich persönlich mich gefunden habe? Ich hoffe, dass ich mich gefunden habe [lacht]. Oder auch nicht. Für Mystiker geht es letztlich eher darum, sich zu verlieren statt sich zu finden. Aber um zu erklären, was ich meinte: Es gibt etwas in uns, das das Eigentliche oder das Wesen ist. Wir sprechen ja viel von dem Wesentlichen oder dem Wesen, das in uns ist, das frei ist von all den Mustern, die wir uns im Laufe unserer Biografie angeeignet haben, das frei ist von dem, was unsere Eltern von uns glaubten, das wir sein sollten, und von dem, was wir dann selbst an Vorstellungen entwickelt haben, wie wir sein sollten.

Dieses Wesen ist frei von Konditionierungen, von diesem Bild, das man von sich selbst gemacht hat. Es ist das, was man in sich selbst spürt, wenn man ganz bei sich ist, wenn man sich authentisch fühlt, wenn man sich nicht von gewissen Erwartungen und Vorstellungen belagert fühlt, die man an sich selbst hat oder die andere an einen haben. Es ist vielleicht das, was man in Kindern sieht, wenn sie spontan und unvoreingenommen da sind. Dann spürt man was: Aha, das ist das Besondere, das Wesen dieses Kindes, das einfach frei da ist.

Durch eine gewisse Arbeit an sich selbst, durch Gnade und dadurch, dass man sich auf einen spirituellen Weg oder einen mystischen Pfad begibt und dann durch die Praxis, Meditation, Übung – je nachdem, was der entsprechende Pfad dann beinhaltet – kann man mehr und mehr dieses Wesen, dieses Wesentliche, diese Natur zum Vorschein bringen lassen.

Das ist der Weg: Ich lerne mich weniger und weniger mit dem zu identifizieren, was ich im Laufe meines Lebens aufgebaut habe, um eine bestimmte Person zu sein.

Wie hat Dein persönlicher spiritueller Weg ausgesehen?

In meinem Fall ist es vielleicht ein bisschen anders, als bei manchen anderen. Für die meisten von uns ist es leider so, dass wir, wenn wir in diese Welt kommen und geboren werden, uns die Erinnerung an den Ort, von dem wir kommen, nicht lange bewahren können oder dürfen. Wir nennen es auch die Erinnerung an Gott oder die Quelle, von der die Seele kommt. Als kleine Kinder erinnern wir uns noch eine Weile. Aber je mehr wir in dieses Leben hineinkommen, verschwindet allmählich die Erinnerung an Gott aus diesem Leben. Je mehr wir in die physische Welt kommen, desto mehr zieht sich diese Erinnerung zurück. Und dann gibt es meistens eine Zeit des Vergessens und irgendwann viel später kommt ein Punkt des Erwachens und der Rückkehr.

Bei mir war es nicht ganz so. Ich hatte das Glück – oder vielmehr war es Gnade –, dass ich als Kind lange Zeit in diesem Universum, dem Wissen, dass ich zu Gott gehöre, leben durfte. Ich hatte diese Erinnerung nicht verloren.

Vielleicht hat meine Umgebung, in der ich heranwuchs, das unterstützt. Ich bin aufgewachsen in einer christlichen Familie mit einer Art von gelebtem Christentum, das sehr verbunden war mit einer gewissen sozialen Ethik und sozialen Verantwortlichkeit und gleichzeitig einem inneren religiösen Empfinden zugewandt war. Das hat mir erst einmal den Rahmen und den Raum gegeben. Es war nicht streng und eng katholisch, aber doch sehr stark daran ausgerichtet. Es hat mir den Raum gegeben, dass ich ganz lange in meiner Welt bleiben konnte.

Ich hatte als Kind immer das Gefühl: „Ja, ich habe diese Eltern und es ist wunderbar, diese Eltern zu haben in dieser Welt. Aber eigentlich gehöre ich woanders hin. Und ich habe eine viel tiefere Verwandtschaft, eine viel tiefere

Zugehörigkeit woanders." Dieses Gefühl und diese Welt habe ich mir sehr lange erhalten können. Von daher gab es eigentlich erst mal keinen **Weg**. Für mich war das natürlich. Ein natürliches Sein.

Und dann kam die Adoleszenz, in der ich mich dann erst einmal von der äußeren, der religiösen Form losgelöst habe. Das war mir zu eng, zu unfrei und zu sehr verbunden mit Vorschriften und moralischen Aussagen. Der Freiheitsdrang des Menschen, der erwachsen werden wollte, passte nicht mehr dazu. Ich habe mich also erst einmal aus diesem äußeren Korsett befreit – oder Korsett ist übertrieben, es hat mich ja nicht so sehr eingeengt. Aber es war schon eine Form, in der ich gelebt hatte, dass ich zum Beispiel sonntags zur Kirche ging. Mich hat zwar damals nicht interessiert, was der Pfarrer erzählt hat, aber ich bin dann immer in eine eigene Welt eingetaucht. Ich denke, ich habe eine gewisse Mystik gelebt innerhalb dieses äußeren Rahmens, der jedoch durch die Familie vorgegeben war.

Ein paar Jahre während der Adoleszenz war ich dann innerlich am Suchen und mit mir selber beschäftigt, wie das jeder Mensch zu dieser Zeit seines Lebens ist, und ich war in gewisser Weise von dieser Erinnerung getrennt. Aber am Ende der Teenager-Jahre habe ich den Faden wieder aufgegriffen – auf eine ganz neue Weise.

Zwei Dinge waren entscheidend, mich von innen her wieder stärker auf den Weg zu schicken:

Das eine war eine Erfahrung, die ich mit anderen Menschen gemacht habe. Wenn Menschen mich ansprachen, die in Not waren, Hilfe brauchten oder sich in einer Krise befunden hatten, konnte ich erleben, dass etwas Drittes anwesend war. Und zwar dann, wenn ich mich in der Situation mit einer gewissen Aufmerksamkeit und Anteilnahme darauf einließ und mich selbst zurücknahm. Also nicht in dem Gefühl: Oh, ich bin jetzt diejenige, die helfen kann oder die etwas weiß oder etwas tut. Vielmehr, wenn ich dem einen Raum zur Verfügung stellte, konnte ich feststellen, dass dann dieses Dritte anwesend war, durch das sich immer wieder etwas lösen konnte, durch das sich wieder ein Weg öffnen konnte, etwas ganz Neues sichtbar wurde. Dieses Dritte ist natürlich letzten Endes Liebe oder eine göttliche Präsenz – wie immer man das nennen will.

Diese Erfahrung hat etwas in mir selbst wieder angekurbelt, weil ich das so erstaunlich fand. Das hat die Grenzen gesprengt, die Grenzen, die ich ansonsten in dieser Welt erfahren habe. Denn ich hatte auch Schwieriges erlebt und im eigenen Leben Schwieriges erfahren und stand davor: Wie kann man das auflösen, wie soll das Leben weitergehen, wie soll man das Leben mit diesen oder jenen Grenzen und Schwierigkeiten leben oder angesichts dessen, dass es auch woanders viel Leid in der Welt gibt?

Die andere, die zweite Erfahrung war, dass ich in mir diesen Kummer – Sehnsucht ist schon zu wenig, es war Sehnsucht in einer Form von Kummer – gespürt habe, dass mich etwas irgendwohin zog und nichts in dieser Welt mir diesen Kummer wegnehmen konnte. Nicht eine erfüllte Liebesbeziehung, nicht ein abgeschlossenes Studium oder die Inhalte, die ich studieren konnte, oder meine Freundschaften, mein Engagement. Eine Zeit lang bin ich mit der Frauenbewegung in Kontakt gekommen, für eine kurze Zeit auch mit politischen Gruppen an der Uni.

Doch es war immer klar, das antwortet nicht auf meine Sehnsucht. Am ehesten wurde sie berührt, wenn ich raus in die Natur konnte, vor allem in den Zeiten, in denen ich sehr einfach in der Natur lebte. Doch hat die Erfahrung in der Natur wiederum noch mehr Sehnsucht in mir hinterlassen. Es hat sie nicht gestillt, sondern noch stärker gemacht.

Und diese beiden Erfahrungen haben mich sehr auf die Suche geschickt. Ich habe dann meine Fühler und meine Antennen ausgestreckt. Gelesen habe ich gar nicht so viel, so wie andere, ich habe anders gesucht. Ich habe Kontakte gesucht. Ich habe danach gesucht, jemanden zu treffen, der mich auf diesem Weg weiterbringen kann. Aber erst einmal haben wir nach der Do-it-yourself-Methode mit Freundinnen einiges ausprobiert.

War Dir zu diesem Zeitpunkt bereits klar, dass es der spirituelle Weg ist, den Du suchst, nach dem Du Sehnsucht hast?

Ich weiß nicht, ob ich es den „spirituellen Weg“ genannt hätte. Es war klar, dass es die Suche nach dem ist, was jenseits von dieser begrenzten materiellen Welt und ihrer Wahrnehmung ist. Ich hatte einen Kontakt oder eine Ahnung zu dem, dass etwas in mir von Welten weiß, um die es hier in dieser Welt erst einmal nicht geht, wenn man studiert, wenn man arbeitet, wenn man in dieser äußeren, oberflächlichen Weise Menschen begegnet und sein Leben lebt. Eine Ahnung, dass es eine Welt dahinter oder viele Welten dahinter gibt. Und dass diese Welten einen Reichtum bergen, den wir mit in dieses Leben, in diese Welt hinein nehmen und von dem wir zehren können.

Es gab so eine Art alter Erinnerungen in mir, zu denen ich leisen Kontakt hatte. Dass es etwas gibt, das größer ist als das, was äußerlich sichtbar war, das jenseits von dem ist, was man anfassen kann, und dass es natürlich letzten Endes mit Gott zu tun hat – was immer Gott für uns ist –, das war klar.

Ansonsten hätte ja auch eine Naturschutzbewegung oder Menschenrechtsbewegung oder dergleichen einen Weg dargestellt …

Ja, aber das war eben nicht der Fall. Natürlich hatte ich mit solchen Bewegungen auch Kontakt – ich habe in der zweiten Hälfte der Siebzigerjahre studiert. Aber es war genau das Gefühl, dass es nicht reicht, weil es immer auf einer gewissen Ebene in dieser Welt bleibt und auch immer im Konflikt bleibt, im Kampf bleibt. Es ist Kämpfen-gegen-etwas oder Kämpfen-für-etwas. Es nutzt nicht die Ressourcen, die dahinter sind.

Damals hast Du Dich also auf den Weg gemacht, zurückzufinden zu den Ressourcen. Du sagst, dass Du Dich mit Freundinnen gemeinsam auf den Weg gemacht hast?

Nein, wir haben erst einmal Dinge ausprobiert. Ich habe mich beispielsweise mit Astrologie beschäftigt. Der Zugang dazu war nicht schwierig und ich musste nicht zu viel Bekanntes hinterfragen. Die Astrologie kann man wunderbar verknüpfen mit ein bisschen Intuition, ein bisschen Verstand, Mit-Menschen-Umgehen und dem Mix daraus. Wir haben dann unsere Horoskope angeschaut und frei assoziiert und versucht, die Zusammenhänge zu den Gestirnständen zu entwickeln. Wir haben Traumreisen gemacht, indem wir einfach versucht haben, der eigenen Intuition auf die Spur zu kommen. Ich habe mich eine Zeit lang mit Tarotkarten beschäftigt, I Ging und was dann so alles auf dem westlichen Markt auftauchte.

Aber auch das war es dann letztendlich nicht. Es war wie ein Versuch, mit den tieferen Lehren, die dahinter stehen, in Kontakt zu kommen. Mein Herz wusste von einer bestimmten Nahrung, von irgendwo ganz weit her, und nach dieser Nahrung hat es gesucht. Die lag weder im Betreiben von Astrologie noch im Legen von Tarotkarten. Das war etwas ganz anderes. Danach habe ich immer weiter gesucht. Und es hat eine Weile gedauert.

Wir haben uns auch mit verschiedenen Heilungswegen beschäftigt, mit Körpertherapie und ganzheitlichen Massagetechniken Ich habe damals die Rückmeldung bekommen, dass etwas in meinen Händen ist. Daraufhin habe ich eine Massageausbildung gemacht in einem ganzheitlichen Zentrum in Berlin, die kombiniert war mit Körperarbeit, Selbsterfahrung, begleitet von einer Art spiritueller Unterweisung. Außerdem habe ich – das ist mir einfach auf meinem Lebensweg begegnet – eine Heilerin getroffen aus Dänemark, die mit energetischem Heilen arbeitete, Aura- und Chakra-Arbeit, Energieheilung. Eine ganze Zeit lang habe ich an ihren Kursen teilgenommen und habe auch einiges gelernt. So habe ich durch diese Ausbildung meine Intuition gestärkt oder gelernt, meiner eigenen Intuition zu trauen.

Diese Lehrerin habe ich geschätzt und respektiert und manchmal habe ich im Austausch auch eine tiefe Verbindung von etwas gespürt. Aber es war immer noch wie bei allen anderen, denen ich begegnet bin – es war immer noch etwas dazwischen. Was ich gesucht habe, war die Einheit. Doch es war immer noch das Gefühl dabei, hier sind zwei. Da sitzt sie und hier sitze ich. Da lässt sich keine Einheit herstellen. Und weil sich das nicht herstellen ließ, war sie auf eine gewisse Weise natürlich eine Lehrerin für mich, aber auf eine andere Weise eben nicht. Es war immer noch eine Zweiheit da. Und es war für mich dann irgendwann klar, dass dieses Zusammensein begrenzt ist, dass das nicht das Letzte ist. Oder ich hoffte wenigstens, dass es nicht das Letzte sein würde, das ich finden konnte.

Und dann ist mir eine Ton-Kassette geschenkt worden, auf der ein Treffen mit Irina Tweedie, einer Sufi-Lehrerin, aufgenommen war.

Was war das für eine Kassette?

Das war wohl die Aufnahme von einem kleinen Vortrag und einem anschließenden Gespräch. Ich habe eigentlich nichts verstanden. Nicht nur, dass es von der Qualität her eine schlechte Aufnahme war, ich habe auch inhaltlich kaum etwas verstanden von dem, was sie gesagt hat. Aber es hat mein Herz erreicht. Es war so ein: Das ist es!

Irina Tweedie hatte bei einem wahren Sufi-Meister in Indien ihre Schulung und den Auftrag bekommen, diese Lehren in den Westen zu bringen. Sie ist im Grunde die erste Frau, die solch ein Wissen in den Westen bringen sollte. Sie lebte und lehrte in London, aber sie reiste auch und gab Vorträge. Ich habe dann ihr Buch gelesen, in dem sie ihre spirituelle Schulung sehr intensiv, sehr ehrlich und auch sehr einzigartig natürlich für ihren Fall beschreibt. Dieses Buch hat mich ergriffen und ich wusste: Da geht es jetzt weiter lang. Obwohl ich sonst immer sehr skeptisch war.

Ich bin auf diesem kurzen Stück der Suche einigen sogenannten Lehrern begegnet, die – wenn ich ihnen wirklich begegnet bin – mich gern in ihre Kreise aufnehmen wollten. Aber in mir war immer diese Skepsis, irgendetwas in mir wollte frei bleiben und hat mich zurückgehalten. Es war auch nie ganz richtig. Es stimmte nie. Auch wenn es so leicht aussah. Und hier war das eben ganz anders. Da war gar kein Fragen mehr. Es ging nicht mehr um mich. Es ging nicht mehr darum, wie ich mich dabei fühle. Es gab keine Zweifel. Es gab nicht mal den Gedanken an einen Zweifel. Dieses „jetzt-muss-ich-das-überprüfen" oder „ist-das-richtig?" – was vorher eben immer in mir war – war wie weggewischt.

Ich habe dann eine Veranstaltung besucht, als Frau Tweedie hier in Deutschland war, und es ist das passiert, von dem ich nicht wusste, wie es aussieht, aber worauf ich so lange gewartet habe: Mein Herz war erfasst. Ich war tief in meinem Herzen getroffen und das war bis zu diesem Zeitpunkt nie wirklich geschehen. Ich hatte immer alles einordnen und in meine eigene Welt einbauen oder eben nicht einbauen können, und jetzt war ich gar nicht mehr gefragt, wie ich das einbauen kann oder nicht, sondern mein Herz war entflammt. Und ich wusste genau, darauf hatte ich gewartet. Mein Herz stand in einem einzigen Feuer. Sofort war klar, das ist der Weg.

Jetzt interessiert mich natürlich schon, worüber Frau Tweedie auf der Kassette gesprochen hat! Weißt Du das noch?

Ich weiß es noch ungefähr. Das war aber nicht das Entscheidende. Es war vielmehr die Schwingung, die sich vermittelt hat. Ich habe ihre Worte nicht wirklich verstanden. Es ging um die Kraft des Lichts. Es ging um das Männliche und das Weibliche und dass das Licht eine männliche Qualität hat und dass es sehr schmerzhaft sein kann, wenn das Licht in die Dunkelheit trifft. Etwas von dieser Thematik…

Du sagst: Plötzlich war klar, das ist der Weg! Was war es letztendlich für ein Weg?

Es ist ein mystischer Weg – vielleicht in der Unterscheidung zu einem spirituellen Weg. Auf dem mystischen Weg strebt der Suchende nach der Vereinigung mit Gott. Das heißt, er selbst hört auf zu existieren. Das ist letzten Endes ein Weg des Sich-selbst-Verlierens-in-Gott. Dahingegen wird allgemein unter einem spirituellen Weg die Suche nach einem Weg verstanden, auf dem man im Einklang mit dem höheren Selbst lebt – das höhere Selbst als die göttliche Instanz in einem selbst. Dort geht es also eher darum, in diesem Einklang zu leben, aber nicht unbedingt selbst ganz zu verschwinden.

Dennoch benutze ich häufig den Begriff „spirituell“, weil die meisten Menschen damit mehr verbinden können als mit „mystisch“. Bei „Mystik“ denken viele an Undurchschaubares, in dunklen Höhlen, mit wabernden Räucherstäbchen [lacht]. Es hat in unserer Sprache und Kultur den Beigeschmack von etwas Unklarem. Mit dem Wort „spirituell“ verbinden viele etwas Klareres.

Für mich schwingt bei „spirituell“ aber viel von „etwas sein wollen“ mit, während das Mystische **nichts** sein will. Und das ist für mich der Unterschied.

Mit einem spirituellen Leben oder einem spirituellen Weg sind immer sofort Vorstellungen verbunden, etwas zu sein, etwas Besonderes zu sein, eben etwas Spirituelles. Und das ist letzten Endes dann nur eine neue Kreation, ein besseres Ego im Grunde, als das, was man vorher hatte. Sich besonders spirituell zu fühlen [lacht], ist nicht unbedingt das, was einen näher zu Gott bringt. Trotzdem – wie gesagt – benutze ich das Wort „Spiritualität", da es allgemein verständlicher ist.

Der Sufi-Weg, es gibt da natürlich verschiedene Richtungen, aber der Sufi-Weg überhaupt ist ein mystischer Weg, der die Liebe in den Vordergrund stellt. Die Liebe ist das Transformierende auf diesem Weg und das Alles-Auslöschende letzten Endes. Gleichzeitig ist es die Beziehung, die der Mensch zu Gott oder die die Seele zu Gott hat. Was die Beziehung ausmacht, ist die Liebe. Gott liebt den Menschen und der Mensch liebt Gott. Oder Gott liebt die Seele und die Seele liebt Gott. Das ist die Grundessenz. Man arbeitet mit der Liebe und geht diesen Weg. Man lebt ein Leben in der Welt, entsprechend den Gepflogenheiten der jeweiligen Umgebung.

Und speziell dieser Sufi-Pfad, der durch Irina Tweedie in den Westen gekommen war, ist ein sehr freier Weg und ein westlicher Weg, so wie er hier gelebt wird. Der Suchende ist frei, auch in der Gestaltung seines Lebens, solange sie einer grundsätzlichen Ethik entspricht. Man muss erwachsen sein, es gibt sehr wenig Form. Der Pfad ist nicht an eine Religion gebunden, und es gibt auch keine Unterschiede für Männer und Frauen, in dem, wozu Frauen beispielsweise nicht zugelassen wären. Und tatsächlich sind es im Moment viel mehr Frauen als Männer, die dem Pfad folgen.

Warum ist das so?

Ich denke, das hat mehrere Gründe. Einmal ist dieser Pfad auf eine Art ein sehr weiblicher Pfad, weil er mit der Liebe, der Sehnsucht und der Hingabe arbeitet. Wenn man es in dem Sprachkomplex des indischen Raums ausdrückt, ist es ein Pfad des Bhakti-Yoga. Bhakti ist die liebende Hingabe. Hingabe hat eine starke weibliche Betonung. Das ist der eine Grund.

Ein anderer Grund ist, dass in der gegenwärtigen Zeit das Weibliche sehr gebraucht wird und deshalb, so denke ich, viele Frauen sich zu spirituellen Pfaden hingezogen fühlen. Es ist, soweit ich das überblicken kann, auch in vielen anderen spirituellen Zusammenhängen im Westen so, dass die Frauen überwiegen. Sicher gibt es auch im Westen Traditionen, in denen die Männer in der Überzahl sind. Das wiederum hat möglicherweise damit zu tun, wie in den verschiedenen Systemen die Übungen und die Meditationspraxis gehandhabt werden. Das Strenge – auch den Körper sehr streng erziehen, in einer bestimmten Haltung sitzen, eine bestimmte Askese üben – ist für einen männlichen Weg einfach geeigneter und passender als für einen weiblichen Weg.

Auf dem Pfad, dem ich folge, wird keine Askese verlangt und es ist es auch sehr wichtig, dass man wirklich in dieser Welt lebt, es gibt kein klösterliches Leben. Es heißt für uns: Wir leben in der Welt, aber wir sind nicht von der Welt. Das bedeutet, wir lassen uns nicht einnehmen für alle möglichen weltlichen Auseinandersetzungen. Wir identifizieren uns nicht. Wir versuchen, innerlich davon frei zu bleiben, und leben trotzdem ein Leben in der Welt, nehmen Teil daran.

Konntest Du, als Du Irina Tweedie getroffen hast, bereits Spiritualität und Alltag in Einklang bringen?

Das war ein weitaus längerer Weg. Und ist noch immer ein Weg. Ich glaube auch, dass es nie aufhört. Es verändert sich natürlich. Es bewegt sich auf verschiedenen Ebenen. Aber die Herausforderungen bleiben und wir sind nie fertig. Niemals. Die Meditation arbeitet so, dass natürlich erst einmal die Dinge zum Vorschein kommen, die wir gar nicht so mögen. Es läuft also nicht so: „Ich finde jetzt meinen Pfad, setze mich hin, falle in Dhyana und alles ist gut. Ich bin in Seligkeit und ich bin überall in Seligkeit.“ Sondern was geschieht, ist, dass all die Schatten, die in uns sind und die wir alle in uns tragen, zum Vorschein, an die Oberfläche kommen. So war es dann auch bei mir.

Und ich bin meinen eigenen Schatten – natürlich – wo sonst, als in meinem Alltag begegnet. Es ist so, dass in dem Moment, in dem die Begegnung mit dem Pfad stattfindet, man auf irgendeine Weise mit dem gesamten Wissen – das heißt auch mit den vorangegangenen Meistern – in Kontakt ist. Das ist dann präsent. Man macht sehr schnell die Erfahrung, dass man dann auch darin aufgehoben ist. Nicht in einem Sinn, dass ich jetzt selber keine Verantwortung habe und alles für mich getan wird, aber es wird in gewisser Weise auf mich aufgepasst. Das heißt, ich werde ab jetzt mit der Nase auf die Dinge gestoßen, wenn es nötig ist. Natürlich hängt es letzten Endes von meiner Mitarbeit und meinem Durchhaltevermögen ab, da der Pfad absolut frei ist. Man wird zu nichts gezwungen. Man kann jederzeit „Stopp“ sagen. Und dann geht es auch nicht weiter. Ein inneres „Ja“ ist die Vorraussetzung, damit bestimmte Dinge geschehen, die wirklich verändernd sind. Das passiert nicht, ohne dass man selbst „Ja“ sagt.

Es war dann so, dass ich im Grunde durch diese Begegnung erst einmal ins Leben reingeschubst worden bin. Ich war vorher ein paar Meter über dem Boden geschwebt und hatte mir mein Leben auch so eingerichtet. Ich hatte keine Kinder und keine Familie. Ich konnte nachts stundenlang meditieren, wenn andere Leute schliefen, und ich war nicht so ganz in Kontakt mit dieser Welt. Das hat sich schlagartig verändert.

Kurz nachdem ich dem Pfad begegnet war, habe ich meinen Mann getroffen, wurde schwanger und habe innerhalb von zwei Jahren meine ersten drei Kinder bekommen. Ehe ich mich versah, hatte ich für eine große Familie zu sorgen. So war ich dann sehr ins Leben geschubst. Und genau da tauchen eben auch die Schatten auf.

Welche waren das bei Dir?

Es war eine schwere Zeit, weil ich es zum ersten Mal wirklich mit mir selbst aushalten musste. Und das in den Aufgaben des ganz normalen Alltags mit all den Widrigkeiten, die der Alltag bringt.

Die romantischen Vorstellungen vom Mutter-Sein und Kinder-Haben sind dann ziemlich schnell zerplatzt. Ich musste erleben, wie ich wütend wurde – und all diese Dinge, die dann als Schatten auftauchen. Ich war unzufrieden. Und ich musste auch in einer Partnerschaft klarkommen, die ganz schnell mit sehr vielen Alltags-Aufgaben konfrontiert war. Ich war mit einem Stolz in mir konfrontiert, von dem ich vorher nichts gewusst hatte. Obwohl ich überaus glücklich war und unendlich dankbar für das, was mir gegeben wurde, die Liebe, die Kinder, die zu uns gekommen sind, haderte ich manchmal.

Das Leben hatte ein Eigenleben, es gestaltete sich nicht genau so wie ich es mir vorstellte. Die hiesige Welt hat viele Begrenzungen, mit denen ich mich vorher nie wirklich auseinandergesetzt hatte. Das alles in Einklang zu bringen mit dieser wunderbaren anderen Welt, zu der ich da Kontakt hatte, das war gar nicht einfach am Anfang.

Ich habe eine ganze Zeit lang in einer Art Zerrissenheit gelebt. Ich hatte Freundinnen, die keine Familie hatten und ihren spirituellen Weg gingen, indem sie ständig zu Retreats fuhren oder ihre Lehrer trafen. Und ich konnte nicht wegfahren. Ich saß mit zunächst drei, später vier kleinen Kindern zu Hause, die ich auch nicht alleine lassen wollte. Klar. Ich war hin- und hergerissen. Ich wollte dort und auch wieder hier sein. Ich habe es nicht gut zusammenbekommen.

Aber ich habe nach Wegen gesucht, weil die Not so groß war. Die Not war einfach unermesslich. Wenn man sehr kleine Kinder hat, kann man nicht meditieren, nicht die Mütter. Dann ist es eben so, dass dieser Säugling ihre Meditation ist. Und so habe ich dann versucht, das zu leben. Während ich gestillt habe, habe ich meditiert in einer gewissen Art und Weise. Ich habe diese Verbindung hergestellt über etwas, das ich mit meinen Kindern gelebt habe. Ich habe versucht, diese Brücken zu bauen.

Ich war einfach in der Situation, in der ich lebte, gezwungen, das zusammenzubringen. Auch auf einer äußeren Ebene, weil ich damals ja immer gearbeitet, also Seminare gegeben und Gruppen betreut habe. Damit habe ich auch nicht aufgehört, als ich kleine Kinder hatte. Das heißt, wenn ich dann so ein Wochenend-Seminar hatte, habe ich in der Pause das Kind oder beide Zwillinge gestillt und gewickelt und bin praktisch fast noch mit dem Inhalt der Windel an den Händen wieder schnell zurück ins Seminar [lacht] und bin wirklich so schnell zwischen den Welten hin- und hergesprungen, dass ich auf eine gewisse Weise gezwungen war, diese beiden Welten in mir zusammenzubringen.

Natürlich war das letzten Endes ein großer Reichtum, aus dem ich schöpfen konnte. Aber in meinem eigenen Erleben war es erst mal auch schwierig.

War die Meditation eine dieser Brücken, die Du zwischen Alltag und spirituellem Pfad gebaut hast?

Ja, ich konnte nicht wirklich meditieren. Meine Lehrerin hat mir damals gesagt, das sei in Ordnung, das sei ganz normal, Frauen mit kleinen Kindern könnten nicht meditieren. Für mich war es dann Meditation, wenn ich das Kind gestillt habe und dann dieser Moment eintrat, wenn das Kind zufrieden ist und sich entspannt, aber in dieser engen Verbindung ist. Ich habe gespürt, dass ich über diese enge Verbindung zum Kind eine Verbindung zu Gott herstellen kann. Das ist eins. Und ich kann mich in diese Einheit reinfallen lassen. Dann war es wie Meditation.

War Dir damals schon klar, dass Du Deinen Alltag mit Deinem Weg in Einklang bringen musst?

Ja, was heißt „musst"?

Willst?

Auf eine Art natürlich, weil ich ja unter der Trennung gelitten habe. Es war kein Muss von außen. Es gab nicht irgendeine Doktrin oder irgendetwas, das mir von außen gesagt hat: Das muss geschehen, sonst ist es nicht richtig. Es gab eine innere Not, weil mich das verzweifelt gemacht hat. Es hat mich verzweifelt gemacht, wenn ich zum Beispiel, als die Kinder ein bisschen größer waren, in ein anderes Zimmer gegangen bin und mich zur Meditation gesetzt habe und natürlich just dann die Kinder ankamen und irgendwas von mir wollten, oder jemand hingefallen ist und weinte. Dann war ich manchmal wütend. Und dann habe ich danach gedacht: „Wie geht das? Vorhin warst du noch in diesem Frieden gesessen und jetzt gleich im nächsten Moment bist du so wütend. Wie passt das zusammen?" An dieser Trennung bin ich in mir selbst so verzweifelt. Deshalb ergab sich von innen her die Notwendigkeit, die Welten zusammenzubringen. Natürlich hatte ich auch im Alltag die Sehnsucht danach. Ich wollte nicht, dass es aufhört, dass ich mit etwas in Einklang sein kann. Die Präsenz des Geliebten, wie die Sufis Gott nennen, ich wollte Ihn **immer** spüren, in allem.

Gleichzeitig war das natürlich die Antwort, die ich bekommen habe, auf meine verzweifelten Fragen. In den ersten Jahren hat man immer wieder diese Fragen: „Warum löst sich dieses Problem nicht? Warum ist das so schwierig? Wie kann ich dies lösen?" Und die Antwort war immer: „Lebe die Liebe und Verbundenheit überall. In allem, was Du tust. Das ist die Lösung."

Dieser Weg wurde dann weiter vertieft durch die Verbindung zu meinem Lehrer Llewellyn Vaughan-Lee, dem Nachfolger von Frau Tweedie auf diesem Sufi-Pfad.

Auf dem Weg, die Welt des Alltags und die der Spiritualität in Einklang zu bringen, hat das Leben selbst mir geholfen und mich unterwiesen, mit allem, was es mir schenkte und mit allem, was es mir wegnahm. Doch ohne die Gnade, die ich erfahren durfte, über die Verbindung zum Pfad, durch meine Lehrer, hätte sich niemals wirklich etwas bewegen können.

Dieses Buch trägt den Untertitel „weibliche Spiritualität im Alltag". Nach der Emanzipation der vergangenen Jahrzehnte gibt es nun eine Strömung, die zunehmend an Dynamik gewinnt und die man vielleicht mit „Zurück zum Weiblichen" näher bezeichnen könnte. Man erkennt, dass Mann und Frau durchaus unterschiedlich sind. Und zwar auf verschiedenen Ebenen. Vor einiger Zeit ist beispielsweise einer Frau das erste künstliche „weibliche Kniegelenk" eingesetzt worden. Bis dato hatte es nur künstliche Kniegelenke gegeben, die einem männlichen Knie nachgebaut waren. Und das obwohl schon seit langem bekannt ist, dass es anatomische Unterschiede zwischen dem weiblichen und dem männlichen Knie gibt.

Unterscheiden sich Mann und Frau auch auf der Ebene der Spiritualität? Gibt es einen männlichen und einen weiblichen Weg?

Erst einmal würde ich sagen, dass sowieso jeder Weg einzigartig ist. Jeder einzelne weibliche und jeder einzelne männliche Weg. Gott ist so vielfältig, die Schöpfung ist so vielfältig und so vielfältig sind die Wege zurück zu Ihm. Aber es gibt natürlich, weil Frauen und Männer unterschiedlich sind, auch tendenzielle Unterschiede für den Weg. Wobei ich mich scheuen würde, so generell zu sagen, dies ist für Frauen, das ist für Männer. Letzten Endes muss es sowieso jeder für sich selbst finden. Genauso wie Frauen untereinander vom Körperbau auch sehr unterschiedlich sein können, mögen dann ihre Wege auch als Frauen verschieden sein.

Aber es ist natürlich so, dass der physische Unterschied – der nicht nur in der Unterscheidung der Sexualorgane besteht, sondern eben auch des Knochenbaus und des Muskelaufbaus usw. – einen Unterschied reflektiert, der auch auf anderen Ebenen besteht. Wenn wir ein einigermaßen ganzheitliches Bild haben und sehen können, dass das Physische nicht getrennt ist von den anderen Ebenen im Menschen, also von seiner emotionalen Ebene, von der geistigen, von der spirituellen Ebene, wenn wir also sehen, dass diese Ebenen miteinander korrespondieren, dass sie zusammenhängen, dass sie sich gegenseitig auch spiegeln, dass das, was in unseren Gedanken ist, sich auch in unserem Körper ausdrückt, dass es da einen Fluss gibt zwischen den Ebenen, dann können wir zurückschließen, dass wenn der physische Körper verschieden ist, dass es dann auch unterschiedliche Bedürfnisse gibt auf einem Weg der Transformation, das heißt auf einem Weg zurück zu Gott, zur Wahrheit.

Wobei die Wahrheit ja dann letztendlich für Mann und Frau dieselbe ist.

Ja.

Und trotzdem sagst Du: Weil der Körper ein anderer ist …

Nein, nicht weil der Körper ein anderer ist. Das ist nur ein Ausdruck davon. Der Körper ist nicht die Ursache. Gott hat sie verschieden gemacht, die Männer und die Frauen. Auf allen Ebenen. Nicht nur auf der physischen.

Aber über die Jahrhunderte hinweg wurde eher der männliche Weg – nenne ich es jetzt mal – als der Weg, der zu Gott führt, propagiert.

Die letzten nicht nur Jahrhunderte, sondern zwei, drei Jahrtausende hatten wir so etwas wie ein Patriarchat. Das heißt, dass bestimmte männliche Werte dominant waren, im gesellschaftlichen Leben, auf allen Ebenen. Das heißt natürlich auch, dass der männliche Weg mehr im Blickpunkt, der weibliche hingegen zurückgedrängt war.

Wenn man es aus der Perspektive betrachtet, aus der es letzten Endes immer um die spirituelle Entwicklung der gesamten Menschheit geht, dann kann man es so sehen oder darstellen, dass im Verlaufe der letzten Jahrhunderte und Jahrtausende die spirituelle Anschauung vorherrschend wurde, die Gott als ein transzendentes Wesen sieht. Wenn man spirituelle Evolution oder die Evolution des spirituellen Bewusstseins in der Welt oder des Menschen als etwas betrachtet, dass Gott sich immer wieder auf neue Weise enthüllt, dann kann man es – ungewertet – so sehen, dass natürlich immer für die gesamte Menschheit bestimmte neue Erfahrungen entdeckt oder – anders ausgedrückt – der Menschheit gegeben worden sind. Und dies war jetzt die Erfahrung der Transzendenz, also dass Gott nicht nur in jedem Baum und in jedem Fluss und in den Dingen dieser Welt ist, sondern dass wir Gott auch finden können in etwas, das jenseits davon ist, dass es ein Jenseits davon gibt, eine Welt hinter der Welt.

Aber diese Entwicklung der Transzendenz hat im Grunde dazu geführt, dass man Gott ganz in den Himmel, ganz ins Jenseits verbannt und hier weggeschickt hat. Ja, man hat ihn aus der Welt geschickt und es gab dann eben die Autoritäten, die darüber Bescheid wussten, wie es im Himmel ist. Die mussten nicht mehr Bescheid wissen darüber, wie es auf der Erde ist, und die haben dann im Grunde den Ton angegeben für das, was religiös oder spirituell „richtig" war.

Der Weg zur Transzendenz ist ein Weg, der dem männlichen Weg mehr entspricht, weil die Frau einfach mehr mit dem Leben und mit der Erde verbunden ist als der Mann. Allein – man kann es dann wieder ganz zum Physischen zurückbringen, weil man es auch auf der physischen Ebene sieht – weil Frauen Leben in die Welt bringen, weil Frauen Kinder gebären – jetzt ganz unabhängig davon, ob sie es dann tatsächlich tun oder nicht. Aber das ist in ihnen angelegt und das macht etwas von ihrem Wesen, von ihrem Sein aus.

Wie gesagt, ganz gleich, ob sie dann wirklich Kinder bekommen oder nicht. Es musste jemand übernehmen, die Verbindung zur Welt zu halten, und jemand konnte übernehmen, sie zu erweitern. Und das eine ist mehr das Weibliche und das andere ist mehr das Männliche.

Die Praktiken in den spirituellen Traditionen, in den Klöstern waren dann eben ausgerichtet auf einen Weg der Transzendenz, des Suchens von Gott außerhalb der Welt, außerhalb des Lebens. Man ging ins Kloster, weg von der Welt. Oder man folgte einem Meister in die Wüste, hat Familie und Haus verlassen, um dort Gott zu finden. Ich meine, Frauen konnten das nicht. Sie mussten bei den Kindern bleiben. Sie konnten nicht in die Wüste ziehen. Es ist so klar, dass sich das auch so getrennt hat. Dazu kommt, dass es dazu führte – wir kennen das in der Geschichte des Christentums oder der Kirche sehr gut –, dass alles Physische, alles, was mit der Erde, der Welt, dem Körper, mit Sinnlichkeit verbunden war, verteufelt wurde. Das gehörte nicht zu Gott, sondern zum Gegenpart, zum Teufel. Und Frauen, die sich mit diesen Dingen auskannten, die all dieses tiefe Wissen hatten, auch um Heilung und Geburt, das waren dann die Hexen, die den Pakt mit dem Teufel hatten. All das Wissen ist dann ja auch mit viel Gewalt weggedrängt und ausgerottet worden.

Es gab natürlich immer Frauen, die trotzdem einen Weg gesucht hatten. Aber diese mussten sich arrangieren. Das sind die Nonnen und Mystikerinnen, die in den Klöstern gelebt haben, dort haben sie Nischen gefunden. Aber doch war es in der Form eines männlichen Weges. Eine Frau, die ihr Leben in dieser Welt führte, ich weiß nicht, ob die viele Möglichkeiten hatte, wirklich einen spirituellen Weg zu gehen. Um sich wirklich tiefer darauf einzulassen, musste man ins Kloster gehen.

Und das sitzt heute noch immer tief im Denken, in der Anschauung, in der Sichtweise der Menschen. Ich erlebe das immer wieder, dass selbst Frauen, die es eigentlich wissen und etwas anderes suchen, diese Verneinung immer noch in sich selbst – also gegen sich selbst – tragen: „Das kann nicht sein. Das darf nicht sein. Ich muss alles Weltliche abschneiden, weil das stört. Das ist unrein, unspirituell.“ Das sitzt sehr tief. Und das sitzt natürlich in den Traditionen überall sehr tief.

Wie kann es sein, dass dieses kirchliche, dieses religiöse Denken im Sinne von „das ist rein – das ist unrein“ heutzutage immer noch hineinwirkt?

Ich denke, wir sind viel tiefer geprägt als durch die Erlebnisse und die Erziehung, die wir in diesem Leben erfahren haben. Das sind tiefere Prägungen, ein tieferes Gedächtnis, ein gemeinsames kollektives Gedächtnis, das wir in uns tragen. Aber ich glaube tatsächlich, dass die Kinder, die im Moment geboren werden, davon befreit sind.

Warum?

Warum, weiß ich nicht. Aber es ist wahrnehmbar. Es scheint gebraucht zu werden. Das ist eine Generation für eine neue Welt. Dass diese Welt, in der wir im Moment leben, nicht mehr lange existiert, das wird uns allen langsam klar. Auf eine gewisse Weise existiert sie schon gar nicht mehr. Nur ist es bisher kaum bemerkt worden. Die alte Welt ist eigentlich nicht mehr da. Sie ist in ihren Auswirkungen noch da. Es ist ein letztes Aufbäumen und man versucht sich an etwas festzuhalten. Aber viele Menschen – aus den verschiedensten Ecken –, die ein bisschen tiefer schauen, sagen, es gibt genug Zeichen, es wartet eine neue Welt auf uns.

Und die kommt viel schneller, als wir glauben. Nicht irgendwann in den nächsten Jahrhunderten. Schauen wir nur auf die Katastrophenmeldungen im Zusammenhang mit der globalen Erwärmung. Es gibt eine Beschleunigung in den Prognosen. Erst heißt es, im nächsten Jahrhundert oder in ein paar Jahrzehnten werden wir die Folgen erleben, und dann – oh – nur in wenigen Jahrzehnten und mittlerweile bereits in wenigen Jahren. Also plötzlich wird klar, dass eine Beschleunigung stattfindet und dass große Veränderungen im Grunde direkt vor der Tür stehen. Wenn man pessimistisch ist, kann man sagen: „Also entweder wir gehen alle unter oder es kommt was Neues.“ Wenn man optimistisch ist, sagt man: „Es kommt was Neues“ [lacht].

Wir wissen es nicht. Aber alle Zeichen deuten darauf hin und ich sehe, dass diese Kinder, die jetzt und seit einigen Jahren schon geboren werden, dafür ausgestattet sind, in einer anderen Welt zu leben.

Was haben diese Kinder so anderes an sich?

Auf einen Nenner bringen könnte man es vielleicht damit, dass sie eine andere Fähigkeit haben, sich auf dieses Bewusstsein von Einheit einzustimmen. Sie haben diese Getrenntheit nicht mehr in sich, diese Polarisierung, die wir noch in uns tragen, als ein Erbe der letzten Jahrzehnte und Jahrhunderte. Diese Kinder schauen anders in die Welt und gehen anders mit ihr um. Sie sehen diese Welt als etwas Eins-Seiendes und nicht als etwas Polarisiertes.

Diese Kinder haben andere Fähigkeiten analog zu denken, Dinge, die von verschiedensten Ebenen kommen, analog zusammenzubringen. Was für uns noch erarbeitet werden musste, nämlich dass verschiedene Ebenen des Lebens sich spiegeln und gegenseitig durchdringen – wobei wir ja erst einmal gelernt haben, alles getrennt voneinander zu sehen – diese Frage stellt sich für diese Kinder gar nicht mehr. Auf natürliche Weise sind die verschiedenen Ebenen alle miteinander verbunden. Und man kann damit spielen. Für diese Kinder ist das Internet gleichzeitig die Verbindung in der Welt und nicht nur eine technische Revolution, die man nun auf einer technischen Ebene nutzt.

Sicher, das ist ein ganz anderes Aufwachsen. Eine ganz andere Prägung.

Und sie haben auch eine ganz andere Fähigkeit, damit umzugehen.

Trotzdem leben auch diese Kinder in der polaren Welt im Sinne von Mann und Frau.

Alles, was manifestiert ist, lebt in einer gewissen Weise in der Dualität. Das ist ein Fakt. Das kann man nicht ändern. Und das wird sich auch nicht ändern.

Und das ist ja in gewisser Weise auch schön [lacht].

Ja [lacht], und das ist auch schön, weil es die Spannung in der Schöpfung ausmacht. Aber ich meine mit dem Polarisieren nicht, dass es „zwei" gibt. Das wäre die Dualität. Dualität ist ein Ausdruck der physischen, der materiellen Welt.

In den Überlieferungen der Meister gibt es den Ausspruch: „Damit das Eine erschaffen werden konnte, musste es zwei werden." Alles, was sich manifestiert, was in dieser Welt erscheint, ist Dualität. Es gibt immer die eine und die andere Seite. Es gibt männlich und weiblich. Schönheit und Kraft. Tag und Nacht. Das macht die Schöpfung aus. Nur so kann Schöpfung existieren.

Was ich mit dieser Polarisierung meinte, war die Haltung des „Entweder-oder", ein gewisser Kampf. Während es eben auch die Möglichkeit eines „Sowohl-als-auch" gibt. Deshalb haben nämlich auch manche Menschen, wenn man über das Weibliche spricht, die Vermutung, es ginge darum, das eine gegen das andere aufzuwerten oder zu bevorzugen oder gegenüberzustellen. Nein, es geht darum, dass Weibliches und Männliches auf eine neue Weise zusammenkommen und zusammenarbeiten, zusammenleben und zusammen etwas entwickeln können.

Um das besser verstehen zu können, sollten wir jetzt die Dualität „Frau – Mann" näher beleuchten. Was unterscheidet Mann und Frau?

Generell?

Im mystischen Weg.

Also wenn wir über den Weg des Einzelnen sprechen, dann geht es ja darum, dass wir – wenn man das kurz in Worte fasst – aus der Getrenntheit wieder zurück zur Einheit gehen. Oder aus dem Verschleierten in die Wahrheit, ins Entschleierte. Das impliziert für den Einzelnen ja einen gewissen Weg der Arbeit mit sich selbst und der spirituellen Praxis, der spirituellen Übung. Für die Frau ist es eher so – da sie auf eine gewisse Weise sehr mit der Erde, mit dem Leben verbunden ist –, dass sie innerhalb dieser Verbindung diesen Weg geht, während ein männlicher Weg viel mehr erfordert, dass der Mann sich auf eine gewisse Weise von der Erde, von seinen Instinkten löst.

Oder anders ausgedrückt: Die Verbindung zu den Instinkten ist bei den Frauen anders als bei den Männern. Ein Mann muss auf seinem Weg lernen, seine Instinkte zu meistern. Auch der Umgang mit seiner Sexualität hat eine andere Bedeutung. Deshalb spielen ja auch in den klösterlichen Traditionen die Enthaltsamkeit, das Zölibat eine so große Rolle. Ich denke nicht, dass es unbedingt das Ziel sein muss, dass ein Mann zölibatär leben muss. Aber es drückt aus, dass es ein Aspekt auf seinem Weg ist, dass er damit arbeiten muss. Er muss im Grunde etwas von seiner instinktiven Energie transformieren und umwandeln.

Ich denke ganz konkret, dass er daran zu arbeiten hat, seine direkten Lebensinstinkte, auch seine Sexualität, mehr zu kontrollieren, dass er diese Energie teilweise umformen muss.

Weil diese Energie so unmittelbar ist?

Ja, unmittelbar und dicht und sehr stark in der physischen Welt. Während sie bei Frauen anders mit den anderen Ebenen verbunden ist. Mit den feineren Ebenen. Eine Frau erlebt Sexualität nicht einfach als etwas rein Physisches. Das kommt vielleicht vor, aber tendenziell ist es so, dass eine weibliche Sexualität die anderen Ebenen viel mehr mit einbezieht und mit einbeziehen muss, damit eine Frau glücklich ist und das glücklich leben kann.

Die Zentren der Sexualität liegen bei der Frau nicht so dicht im physischen Körper. Sie befinden sich vielmehr im feinstofflichen Körper. Das hat etwas damit zu tun, dass die Frauen Zugang zu einer bestimmten Substanz, einer Schöpfungssubstanz haben, einer Lichtsubstanz, die sie auch brauchen, wenn sie mithelfen, dass eine Seele in diese Welt kommt. Das heißt, wenn sie schwanger sind und einem Kind in diese Welt helfen. Dadurch sind bei einer Frau Sexualität und Spiritualität viel enger verbunden und hängen enger miteinander zusammen. Und das gilt nicht nur für ihre Sexualität, sondern für Körperlichkeit überhaupt in Verbindung mit ihrer Spiritualität.

Für einen Mann ist es viel mehr getrennt. Für einen Mann hindert häufig das eine das andere. Soweit ich das überblicken kann, ist es so, dass wenn Männer wirklich damit gearbeitet haben, ist das kein Problem, ist es integrierbar. Und Sexualität gehört zum Leben. Sie ist ein Ausdruck des Lebens. Für den Einzelnen genauso wie für das Ganze [lacht], damit es weiter besteht. Das ist ein Teil von Lebensfreude und Lebensqualität. Wer sich für Enthaltsamkeit entscheidet, in Ordnung, das ist ein möglicher Weg, aber es muss nicht sein.

Für Männer ist es ein anderes Thema als für Frauen. Es gibt eine gewisse Phase auf dem Weg, und ich denke, daher rühren die Traditionen der Askese, dass eine bestimmte Verbindung zur instinktiven Welt, zur rein physischen Welt im Sinne einer Transzendenz unterbrochen werden muss. Und für Frauen ist das eben gefährlich, weil genau diese Verbindung sie auch auf ihrem spirituellen Weg nährt. Und wenn diese Verbindung unterbrochen wird, ist im Grunde alles unterbrochen.

Warum nährt diese Verbindung Frauen auf dem spirituellen Weg? Wenn Männer dadurch nicht genährt werden, warum werden Frauen genährt? Weil sie sowieso schon auf diesen Ebenen zusammenhängen?

Ja, das hat mit dieser Substanz zu tun.

Was ist das für eine Substanz?

Auf einer gewissen Ebene sind Frauen die „Komplizinnen" Gottes bei der Schöpfung. Sie helfen Ihm mit. Auf eine bestimmte Weise sehr direkt. Wir helfen alle mit, Frauen und Männer – die Menschheit hat das noch nicht begriffen, dass sie da eine Verantwortung hat –, aber die Frauen haben eine ganz besondere Funktion. Was man ja auch ganz deutlich sehen kann. Kein Mann wird ein Kind gebären. Man kann Eizellen in Reagenzgläsern befruchten und einiges mehr, aber man kann nicht erreichen, dass ein Mann ein Kind zur Welt bringt. Und dass die Frau diese wunderbare Aufgabe hat, mit Gott ganz direkt an der Schöpfung teilzuhaben, verdankt sie einer gewissen Fähigkeit, die ihr in ihr Sein oder in ihren Körper gelegt ist. Denn diese Mitschöpfung geschieht ja auch im physischen Körper. Man kann ja nicht als körperloses Wesen ein Kind gebären. Man muss schon im Körper sein [lacht]. Das heißt, diese schöpferische Substanz, die sie dafür braucht, ist auch in ihrem Körper.

Und es ist dennoch nichts Physisches. Es ist ein bestimmtes Licht. Es ist ein Schöpfungslicht. Und das zeigt – wie ich vorhin versucht habe zu erklären –, die Bereiche bei Frauen liegen so eng beieinander, Spiritualität und Sexualität sind so eng miteinander verknüpft, weil dieses Licht im Körper ist. Es ist in den physischen Zellen. Es ist eine schöpferische Energie. Eine Substanz, die Schöpfung macht. Und es ist trotzdem nicht so, dass wir sie nach unserem eigenen Willen gebrauchen können. Wir können nicht Gott spielen mit dieser Substanz. Wir können nur teilhaben und uns damit zur Verfügung stellen. Wir können sie auch negieren, natürlich, und uns davor verschließen, undurchlässig werden. Es ist etwas, das nicht nur wirkt, wenn eine Frau tatsächlich schwanger ist, einer Seele hier in die Welt hilft und ein Kind gebiert und wenn all diese körperlichen Prozesse stattfinden.

Doch die Tatsache, dass diese Substanz da ist, bedeutet, dass sie ihr im Grunde auch für ihren eigenen Weg der Transformation zur Verfügung steht. Sie hat den Zugang dazu, über ihren Körper. Das heißt, spirituelle Praktiken, die den Menschen dazu ermutigen, sich möglichst von der körperlichen Wahrnehmung abzuschneiden und soweit wie möglich vom Körper wegzugehen, führen natürlich dazu, dass eine Frau dann schwerer den Zugang zu dieser Substanz hat, die ihr auch ein bestimmtes Licht zur Verfügung stellt auf dem Weg ihrer Transformation.

Der Weg der Askese und des Ich-muss-meinen-Körper-Überwinden-und-hinter-mir-Lassens ist für eine Frau also nicht geeignet?

Gut, für manche Frauen vielleicht schon. Aber für viele ist es nicht der geeignete Weg, weil es nicht der Weg ist, der ihrer Natur entspricht. Natürlich gibt es viele Frauen, die diesen Weg gehen und die diesen Weg auch erfolgreich gehen – wenn man in diesem Zusammenhang von erfolgreich sprechen kann. Dadurch dass dieser „Weg mit dem Körper" lange Zeit nicht zur Verfügung stand, war es, denke ich, vielen Frau verwehrt, innerhalb einer Tradition, innerhalb eines Systems wirklich ihren eigenen Weg zu gehen. Doch dieser Ausschluss existierte ohnehin. In vielen Religionen oder auch mystischen Traditionen sind Frauen zu bestimmten äußeren und inneren Räumen nicht oder nur bis zu einem gewissen Grad zugelassen worden. Und die eigentliche

Erleuchtung war allein den Männern vorbehalten. Aber das eine hängt mit dem anderen zusammen. Es gibt einen Zusammenhang.

Einen Zusammenhang zwischen was?

Ein weiblicher Weg, der die Verbindung mit der Erde und dem Körper hält, fand keinen Raum in der männlichen klösterlichen Tradition. Gleichzeitig wurde ein solcher Weg als „nicht spirituell" verachtet und abgelehnt, da man das Heilige im Körper, im Leben, negierte. Frauen waren in gewisser Weise der spirituellen Einweihungen nicht würdig. Es besteht also ein Zusammenhang zwischen dem Ausschluss der Frauen aus heiligen Räumen und der Entwicklung einer männlichen Spiritualität, die einen weiblichen Weg nicht berücksichtigte.

Aber so war oder ist es doch auch bei den Derwischen. Das Drehen der Derwische war ja ursprünglich den Männern vorbehalten.

Ja, es gibt Sufi-Wege, die den Frauen zu bestimmten Praktiken und Einweihungen nur begrenzten Zugang gaben.

Vielleicht ja nicht nur aus Machtgründen, sondern aus der Beobachtung heraus, dass Frauen einen anderen Weg gehen können, vielleicht auch sinnvollerweise sollten?

Das kann schon sein. Obwohl der Fokus eher darauf gerichtet war, welcher Weg für Männer sinnvoll ist.

Diese Verbindung mit der schöpferischen Substanz könnte man also als Geschenk betrachten, das es Frauen ganz leicht macht.

Ja, es ist ein Geschenk, das es den Frauen viel leichter macht. Frauen brauchen sich nicht so sehr anzustrengen. Es ist ein Geschenk. Auf der einen Seite. Es gibt aber auch eine andere Seite – nämlich die Anhaftung an alles, was zu dieser materiellen Welt gehört. Das kann ein großes Hindernis für Frauen sein.

Diese Anhaftung bereitet Frauen häufiger Probleme als Männern?

Frauen haften einfach stärker an – an Materie, an die Welt. Natürlich gibt es auch da individuelle Unterschiede. Aber die Anhaftung ist ganz natürlich. Frauen haben Kinder. Männer können die besten und liebsten Väter sein, aber wenn es nötig ist, schneiden sie ab und machen ihre Arbeit. Selbst wenn das Kind quäkt … dann quäkt es eben. Eine Frau kann sich nicht so verhalten. Nicht, wenn sie mit ihrer Natur verbunden ist, wenn sie im Fluss ist. Da besteht eine Anhaftung, weil es eine Verantwortung gibt in dieser Welt. Die Frauen sind bemüht darum, dass die Kinder eine Sicherheit haben, dass sie es warm haben, dass sie genug zu essen haben. Das ist natürlich eine gewisse Anhaftung an all die Dinge in dieser Welt. Frauen brauchen eine bestimmte Sicherheit, weil sie Kinder haben und weil sie dadurch mehr mit den Gegebenheiten in dieser Welt verbunden und darauf angewiesen sind.

Dieses Anhaften ist also doch im Grunde nichts Schlechtes, sondern etwas Lebensnotwendiges …

Es gehört bis zu einem gewissen Grad zum Überleben. Dann kommt aber der Punkt, an dem der Mensch sich davon abhängig macht und seine Sicherheit darin sucht und **alle** Sicherheit darin sucht. Und wenn man die Sicherheit in **dieser** Welt sucht, kann man sie nicht in der **anderen** Welt haben. Wenn man die Sicherheit in der anderen Welt hat, findet man meist hier nicht so sehr viel Sicherheit [lacht]. Das ist so.

Das ist immer diese Gratwanderung.

Ja, es ist eben für Frauen auch eine große Versuchung. Das ist die Kehrseite von dieser Nähe zur Schöpfung. Eben weil sie so viele Möglichkeiten haben – den meisten Frauen ist ja gar nicht bewusst, dass sie schöpferische Möglichkeiten haben, Möglichkeiten auf das Leben hier einzuwirken –, entwickeln sie häufig einen großen Drang, das Ganze unter Kontrolle zu haben oder zu behalten. Also all diese weiblichen Manipulationsmöglichkeiten, die man ja kennt, haben damit zu tun.

Der Moment, in dem wir vergessen, dass die Welt Gott gehört und nicht uns, ist im Grunde der Moment, in dem wir anfangen anzuhaften über ein Maß hinaus. Das steht dann praktisch im Weg, wenn wir zu Gott finden wollen. Wir glauben, die Welt gehöre uns und wir haben die Macht des Besitzers. Auch wenn wir gute Absichten haben – ja, das sind ja nicht unbedingt böse Absichten –, Absichten wie die, etwas verbessern zu wollen; oder die Annahme, es hänge von mir allein ab, ob dieses oder jenes sich so oder so gestaltet; oder man denke an solche Mütter, die alles für ihre Kinder bestens arrangieren müssen und alle feindlichen Einflüsse ausschalten wollen und dabei ganz manipulativ werden. In dem Moment vergisst eine Frau, dass sie zwar Möglichkeiten und gute Verbindungen in diese Welt hat, dass die Welt aber nicht ihr gehört. Genauso wie die Kinder ihr nicht gehören, nicht ihr Besitz sind.

Und das ist der Punkt. Wir haben das vergessen. Die ganze Menschheit hat vergessen, dass die Schöpfung Gottes Schöpfung ist. Die Menschheit glaubt, dass die Welt dem Menschen und nicht Gott gehört und dass wir mit ihr machen können, was wir wollen. Und wenn wir sie zerstören, so zerstören wir sie eben.

Wenn Du sagst, dass die Welt Gott gehört, was meinst Du damit genau?

Die Welt ist Seine Schöpfung und ist die Ebene – es ist ja nur eine Ebene – Seiner Manifestation. Das ist die Ebene, wo Er sich in die physische Welt manifestiert hat. Das ist nichts anderes als Er Selbst. Und wir dürfen darin leben. Aber wir gehören zur Welt **und** gehören zu Gott.

Trotzdem müssen wir ja handeln.

Ja.

Wie kann ich das auseinanderhalten? Wann handle ich in meinem Sinne und wann handle ich in Seinem Sinne?

Das ist natürlich auch ein Lernprozess, weil es Unterscheidungsvermögen verlangt. Und Unterscheidungsvermögen ist etwas sehr Wichtiges auf einem inneren Weg. Das ist auch ein großes Problem. Man kann nicht von Anfang an unterscheiden. Man lernt natürlich durch Erfahrung, durch Fehler sehr viel und man entwickelt über die Zeit ein bestimmtes Unterscheidungsvermögen. Es gibt kein Patentrezept, das sagt: „So kannst Du es unterscheiden." Aber es gibt gewisse Kriterien, die man sich zur Selbstbeobachtung heranziehen kann, an denen man schon etwas erkennen kann.

Es gibt nämlich ein Gefühl, das eine Entscheidung begleitet, die mich zu einer bestimmten Handlung führt. Und zwar sagt mir dieses Gefühl oder dieses innere Wissen, ob das im Einklang mit meinem Herzen ist oder nicht. Ich muss dafür natürlich ein Gespür für mein Herz entwickelt haben. Das ist etwas, das jedem Menschen gegeben und potentiell zugänglich ist. Ein Gespür für sein Herz zu haben, ist nicht etwas für Auserwählte, das ist etwas Menschliches. Und dennoch kann es natürlich sehr zugeschüttet sein. Man muss da wieder hinfinden können.

Aber der Weg ist nicht so schwer. In dem Moment, in dem ich aufgewacht bin und überhaupt mich für solch eine Frage interessiere, habe ich bereits einen Zugang. Das heißt, es gibt in dieser Entscheidung ein Gefühl von: Das fühlt sich stimmig mit meinem Herzen an. Das muss sich nicht unbedingt stimmig anfühlen mit meinen Wünschen, Bedürfnissen oder Konzepten, die ich in meinem Kopf habe, wie die Sache gut aussehen würde oder wie es gut passen würde oder wie ich mir das gut vorstellen könnte. Diese Vorstellungen können durchaus konträr sein zu dem stimmigen Gefühl, das ich im Herzen habe. Das stimmige Gefühl im Herzen ist etwas – da ist kein Konflikt, da ist kein Argumentieren „Ja, aber...", sondern da ist ein „Ja, so ist es!".

Und es hat eine Einfachheit. Das ist der zweite Aspekt. Dieses Gefühl ist niemals komplex. Wenn es sehr komplex ist, hat es mehr mit meinem Ego zu tun, mit meinem Willen und nicht mit Gottes Willen. Das Wissen des Herzens ist einfach und meist auch sehr klar.

Das Einzige, was ich tun muss, ist diesem Gefühl Raum geben?

Ja, natürlich. Man kann lernen, das immer mitschwingen zu lassen, diese Schublade immer greifbar zu haben, so dass man sie öffnen kann, damit es nicht zu weit weg verschwindet. Auch in der spontanen Handlung kann man diesen Raum haben, diesen Raum öffnen. Raum hat nicht unbedingt damit zu tun, dass es viel Zeit braucht. Das ist ein innerer Raum, den ich immer in einer Tasche mit mir trage [lacht], in jeder Lebenssituation. Das ist natürlich auch etwas, das einen Prozess voraussetzt. Es passiert nicht von einem Tag auf den anderen. Aber mehr und mehr.

Meinst Du mit „Prozess" – ich sage mal überspitzt – eine Art von Übungsplan?

Nein, es braucht einfach ein Gewahrsein – die Tatsache, dass ich eine Achtsamkeit für dieses Gefühl auf dem Grund meines Bewusstseins halte und es dann im Leben übe. Nicht in Extra-Übungen, sondern im tagtäglichen Leben. Dann ist es natürlich auch nötig, dass ich meine Erfahrungen reflektiere, sie in einen größeren Zusammenhang stelle. Nicht nur reflektiere im Sinne von „Habe ich heute Gutes oder Schlechtes getan?", oder „War ich heute erfolgreich?", oder „War ich heute ein Versager?", sondern dass ich anfange zu reflektieren, wie das in einen größeren Zusammenhang passt. Einen größeren Zusammenhang, der über mich hinausgeht. Und wenn ich dann sehe, aha, im Moment habe ich mich entschieden für eine Handlung, die vielleicht nicht direkt stimmig mit dem Wissen des Herzens war, sondern mehr den Vorstellungen meines Egos entsprach, dann sollte ich mich fragen, warum ich mich so entschieden habe.

Es setzt natürlich voraus, dass ich gleichzeitig einen Prozess zulasse, mich selbst kennenzulernen, mich selbst zu hinterfragen, ohne mich dafür zu verurteilen. Also ganz frei mich kennenzulernen, zum Beispiel mit diesen Fragen: „Warum mache ich das? Warum entscheide ich mich in der Situation so? Was ist mir da so wichtig? Was befürchte ich zu verlieren? Woran hänge ich so sehr? Was hat so direkt zu mir gesprochen, dass ich gar nicht anders konnte?".

Der Schlüssel wäre also Gewahrsein?

Ja, letzten Endes. Zumindest ein Schlüssel, ja. Wenn ich mich letzten Endes immer wieder daran erinnere, dass es etwas Größeres gibt, als mich selbst, dann habe ich dieses Gewahrsein. Es ist dieses Gewahrsein von: Es gibt eine Instanz in mir selbst, die sich sehr schnell und sehr direkt mit Gott verbinden kann. Und das ist das Herz. Es geht über das Herz. Das zu behalten, ist manchmal sehr schwer, wenn man in einer schwierigen Situation ist, wenn man gedrängt wird, wenn man unter Stress steht, wenn man es allen Recht machen will, oder wenn man unbedingt etwas für sich selber haben will. Und sich daran dann zu erinnern in dem Moment, genau darum geht es, das zu üben.

Wie kann man das üben? Viele leben ihren Alltag mit einem Herz, zu dem der Zugang verschüttet ist. Natürlich hat man im Grunde immer die Möglichkeit, dem Raum zu geben, aber man ***meint****, dass man den Raum und die Zeit dafür nicht hat. Man kann dann nicht mehr unterscheiden, was ist Herz und was ist der Verstand, der sagt: „Ja, genau, das muss jetzt hier noch sein, an dieser Stelle."*

Es ist natürlich so, dass man manchmal tatsächlich die Bedingungen, die äußere Situation, verändern muss, zum Beispiel wenn sie aufgrund verschiedener Gegebenheiten so extrem dicht ist, dass ein Mensch selbst keine Chance mehr hat, sich darin zu bewegen. Dann kommt es irgendwann zu einer Entscheidung, so dass man sagt: „Gut, dann steige ich aus. Etwas ganz Wesentliches für mich kann ich unter diesen Bedingungen nicht leben. Ich schaffe es nicht, auch wenn ich es gerne würde. Ich muss die Bedingungen verändern."

Wenn das nicht so ist, wenn es nicht notwendig ist, weil es meistens darum geht, die Verbindung zum Herzen dort zu leben, in dem Zusammenhang in dem man lebt, dann – ja, was macht man dann? [überlegt].

Also eine gute Idee ist – ganz praktisch –, bevor man morgens zur Arbeit geht, sich noch eine halbe Stunde früher abzuknapsen und sich morgens früh hinzusetzen und zu meditieren. Wie immer man auch meditiert. Es muss ja nicht eine bestimmte Form sein. Es geht vielmehr darum, dem tatsächlich auch im äußeren Leben, im äußeren Zusammenhang ganz konsequent einen Raum zu geben, in dem man sich sammelt und Kontakt macht zu dieser inneren Instanz, und von dort aus dann zur Arbeit zu gehen oder in die Zusammenhänge, die so vieles von einem fordern.

Und es macht sehr viel aus. Das macht einen großen Unterschied. Viele Menschen berichten mir, dass es einen Unterschied macht. Es richtet aus und es gibt einem ein bisschen die Möglichkeit, anders darauf zurückzugreifen. Man erinnert sich eher während des Tages.

Was mache ich konkret in dieser halben Stunde?

Das muss jeder für sich selber finden. Ich persönlich habe meine Meditation, die ich, die wir auf diesem Weg machen. Aber das ist ja nicht die Meditation für jeden. Es gibt viele Möglichkeiten, dieser inneren Instanz einen Raum zu geben. Andere Meditationen, die man von woanders her kennt, oder die man selbst entwickelt hat und von der man das Gefühl hat, dass sie helfen, dass man sich damit verbinden kann.

Für manche ist es leichter, nur zu sitzen, eine bestimmte Musik zu hören und darin einzutauchen. Und man sollte Telefon und Handy abstellen – damit man wirklich einen anderen, einen inneren Raum ungestört betreten kann. Oder man macht für eine halbe Stunde einen Spaziergang in der Natur und schweigt. Wenn man nicht allein lebt und normalerweise viel gesprochen wird, so kann man eine halbe Stunde damit verbringen, nicht zu sprechen und andere darum bitten, dies zu respektieren. Oder man malt ein Bild.

Aber immer mit dem Ziel, diesen inneren Raum zu öffnen? Obwohl – „mit dem Ziel etwas zu machen" – ist ja schon nicht gut…

Jaja.

„Nichtdenkend" ist vielleicht besser ausgedrückt.

Ja. Es ist der Versuch, in einen Bewusstseinszustand einzutauchen, der umfassender ist als das gewöhnliche mechanische Denken. Also in einen Bewusstseinszustand, der einem einen inneren Raum erschließt. Da gibt es natürlich verschiedene Ebenen, verschieden tiefe Ebenen, verschieden tiefe Räume, die man dann innerlich betreten kann. Das kommt darauf an, welchen Weg man geht, wie weit man geht.

Manchmal öffnen sich ja einfach Räume ...

Ja. Das meiste ist ja ohnehin Gnade. Es wird gegeben, das können wir nicht erarbeiten. Und wenn jemand – nämlich Er – der Meinung ist, es soll Dir gegeben werden, dann wird es gegeben. Dann passiert's.

Trotzdem muss ich mich ja bereithalten, oder?

Genau. Ich muss mich bereithalten. Ich muss das respektieren. Aber auch wenn es mir gegeben ist, kann ich es wieder wegwerfen und drüber weggehen. Oder aber ich erkenne: Oh – mir ist etwas gegeben worden. Und ich gebe dem dann den entsprechenden Respekt und die entsprechende Achtung, so dass es auch beginnen kann, in mir zu leben. Die Menschen nehmen ja nicht alles, was ihnen gegeben wird. Bei weitem nicht. Das Meiste wird wieder weggeworfen.

Die Bereitschaft ist **mein** Anteil. Es muss einen eigenen Anteil geben. Einen kleinen. Es ist ein winzig kleiner Anteil im Vergleich zu dem, was gegeben wird. Aber der muss vorhanden sein. Alles andere ist dann Gnade. Ja, ich muss die Tür öffnen, damit etwas hereinkommen kann. Mehr nicht.

Wie kann ich diese Tür öffnen?

Das ist schwierig. Letzten Endes kommen wir dann wieder auf die Not und die Sehnsucht zurück. Wenn sie stark genug sind, öffne ich die Tür. Wie, weiß ich nicht. Vielleicht indem ich sage: „Ja, gut. Mir fällt jetzt nichts mehr ein. Ich bin jetzt soweit, mehr kann ich nicht tun. Ich bin jetzt offen, dass Du mir gibst, was immer Du mir geben willst." Da ist der Aspekt der Hingabe darin. Es gibt natürlich auch einen Aspekt der Disziplin darin. Beides ist notwendig. Wenn ich morgens aufwache und es geht um diese halbe Stunde und ich liege in meinem Bett und sage einfach nur: „Ja, ich gebe mich hin." Dann schlafe ich wieder ein [lacht] und dann verschlafe ich die Zeit. Es ist ein Zusammenspiel von beidem. Es braucht eben auch ein gewisses Maß an Disziplin. Es braucht dieses: „So, es ist jetzt Zeit. Es ist meine halbe Stunde. Ich stehe jetzt auf und ich gebe dem jetzt den äußeren Raum.“

Ist Disziplin für Frauen schwierig?

Ich denke schon, schwieriger als für Männer.

Warum?

Disziplin ist eine männliche Eigenschaft. Keine weibliche [lacht]. Das Weibliche ist mehr das Zerfließende. Und die Disziplin bringt es wieder in die Form. Die Disziplin erfordert ja auch einen gewissen Aspekt der Askese, von der wir vorhin gesprochen haben. Man muss fähig sein, etwas abzuschneiden, um sich auf das Eine zu konzentrieren. Das ist schon eine männliche Eigenschaft. Aber wir sind ja alle nicht nur weiblich und nicht nur männlich. Und wir müssen beide Seiten auch in uns selbst vereinen. Das ist ganz wichtig.

Zweites Gespräch

In unserem ersten Gespräch haben wir bereits etwas über Unterschiede auf dem spirituellen Weg zwischen Mann und Frau gesprochen. Wir sind dabei auf Qualitäten gestoßen, die eher weiblich oder eher männlich erscheinen. Kann man das denn überhaupt zuordnen?

Man kann durchaus, weil alles, was in der Schöpfung existiert, in einer Dualität existiert, entsprechend Zuordnungen finden, dass etwas mehr eine männliche oder mehr eine weibliche Qualität hat.

Was ist denn eher eine männliche Qualität?

Ich weiß gar nicht, ob ich die Richtige bin, die dazu [lacht] antworten sollte.

Warum?

Weil ich davon ausgehe, dass die männlichen Qualitäten in mir nicht gerade überwiegen [lacht] und ich sie deshalb nicht so gut kenne. Aber ich versuche es. Es ist schwer, das alleine zu nennen. Wenn mir eine Qualität einfällt, fällt mir gleich das Gegenüber ein. Es gibt irgendwie diesen Hang, es dann wieder ganz zu machen.

Wir können es gerne so machen, dass Du die eine Seite und dann die andere Seite nennst.

Ich würde sagen, zum Beispiel Intuition, das mehr Formlose, ist etwas Weibliches. Das Formgebende, das mit Klarheit verbunden ist, auch die Klarheit des Verstandes ist eine männliche Qualität. Womit ich natürlich nicht sagen will, dass Frauen dumm sind [lacht]. Es gibt eine mehr intuitive Intelligenz und eine mehr analytische Intelligenz, die man jeweils dem Weiblichen bzw. Männlichen zuordnen kann. Letztlich geht es ja immer darum, dass wir die verschiedenen Seiten in uns zusammenbringen. Jede Frau hat ja auch eine männliche Seite.

Aber es ist zum Beispiel so, wenn eine Frau eine wunderbare Intuition hat, aber nicht die Möglichkeit in sich, das, was sie innerhalb dieses intuitiven Raums findet und entdeckt, in irgendeiner Weise in eine Form zu bringen oder auszudrücken, dann zerfließt es irgendwo und verschwimmt. Es ist gleichzeitig wichtig, die Fähigkeit zu entwickeln, das in eine Struktur zu bringen, dem zu helfen, dass es einen Ausdruck findet, dass es einen Weg in die Welt findet, dass es nicht zerfließt in alle Richtungen. Ich denke, dass eine gewisse Klarheit im Geist eine männliche Qualität ist, die das weibliche Formlose, Intuitive in Form bringen kann, so dass es lebbar wird in der Welt. Damit etwas lebbar werden kann, braucht es eben beides. Die Klarheit alleine, wenn sie keinen Brunnen hat, aus dem sie schöpfen kann, nutzt auch niemandem. Denn dann wird es zu reiner Struktur. Dann ist da nur etwas ganz Äußerliches, das keine Tiefe hat.

Also Intuition ist das Weibliche und das Formgebende das Männliche.

Ja.

Was wäre noch ein Eigenschaftspaar?

Ganz allgemein kann man sagen: Schönheit ist eine weibliche, Kraft ist eine männliche Qualität. Es gibt eine Tradition, die sagt, dass es die Engel der Kraft gibt und die Engel der Schönheit. Und die Engel der Kraft werden in der menschlichen Inkarnation die Männer und die Engel der Schönheit die Frauen.

Frauen und Schönheit – das ist ein Thema, das nicht immer angenehm ist. Frauen setzen sich häufig unter Druck, werden auch von Männern, der Gesellschaft unter Druck gesetzt, einem gewissen Schönheitsideal entsprechen zu müssen. Hängt das ursächlich mit dieser Schönheit als weibliche Qualität zusammen, dass es eben einfach ein Frauenthema ist?

Ich würde sagen, ja, es ist ein Frauenthema. Aber wie diese kollektive Verzerrung damit zusammenhängt, kann ich nicht sagen. Sicher hängt es irgendwo zusammen, weil es mit dem Weiblichen zu tun hat. Aber wirkliche Schönheit ist etwas ganz anderes als das, was im Zusammenhang mit diesen kollektiven Idealen anklingt.

Was ist Schönheit wirklich?

Schönheit ist das Licht Gottes in dieser Schöpfung. Und dieses Licht ist in Frauen und deshalb sind sie schön. Unabhängig davon, ob sie einem bestimmten Ideal entsprechen, oder nicht. Eine Frau leuchtet in ihrer Schönheit umso mehr, je mehr sie in Verbindung steht mit dem Licht in sich, in ihrem Körper.

Also je mehr sie ihre Körperlichkeit lebt?

Wie **sehr** sie Körperlichkeit lebt oder **wie** sie sie lebt, ist gar nicht so ausschlaggebend, sondern, dass sie ein Bewusstsein davon hat, dass sie das Licht, das durch ihren Körper scheint, respektiert, dass sie eine bestimmte Achtung und eine bestimmte Aufmerksamkeit innerlich dafür hat und dass sie es als ein Geschenk achtet, das ihr gegeben worden ist. Es ist nichts, was sie selbst herstellt oder selbst verdient hat. Indem sie jenem Licht innerlich die entsprechende Aufmerksamkeit gibt, drückt sich ihre Schönheit auch im Äußeren aus. Dann beginnt sie, dem eine gewisse Zuwendung zu geben. Das kann von Frau zu Frau ganz unterschiedlich aussehen. Aber ein bestimmtes Gefühl für den eigenen Körper hängt sicher damit zusammen.

Das hat aber nichts damit zu tun, wie „weiblich" diese Frau ist?

„Wie weiblich"? Was heißt das? Das sind auch Bilder. Ich denke, sie ist weiblich, wenn sie diese Beziehung hat, weil sie dann diese Qualität in sich zum Leben erweckt hat, weil sie diese Qualität leben lässt.

Das heißt, eine schöne Frau ist eine Frau, die ihr Licht leuchten lässt?

Ich würde sagen, die Voraussetzung ist, dass sie mit dem Licht in Verbindung steht. Denn wenn ich einfach sage: „Die ihr Licht leuchten lässt", dann kommt gleich die Frage: „Wie lasse ich mein Licht leuchten? Wie mache ich das? Habe ich überhaupt eins? Wo ist das?".

Es sind mir so viele Frauen begegnet, die vergessen haben, dass sie diese Verbindung haben. Die fragen: „Habe ich das etwa auch und wo ist das?". Das Ausschlaggebende ist, das in sich selbst wieder spüren zu können, diese Verbindung aufzunehmen. Und in dem Moment beginnt eine Frau zu strahlen, in Schönheit zu strahlen, ganz von selbst. Sie tut es nicht, es geschieht dann.

So wie sie ja auch strahlt, wenn sie schwanger ist. In diesem Fall ist diese Verbindung offensichtlich automatisch da?

Auf eine gewisse Weise ja. Obwohl ich tatsächlich auch schon Frauen gesehen habe, die schwanger waren und dieses Leuchten nicht hatten. Was ich sehr traurig fand. Das kommt allerdings eher selten vor. Meistens ist da – ob für die Frau bewusst oder nicht – so ein Leuchten um eine schwangere Frau.

Schönheit ist also eine weibliche Qualität.

Die natürlich auch in der Natur vorkommt. Und auch in Männern [lacht]. Es gibt auch schöne Männer. Und Schönheit können wir ja auch bei Sonnenuntergängen oder Bergpanoramen einfach draußen in der Natur wahrnehmen. Aber die Schönheit gehört meines Erachtens zum weiblichen Aspekt Gottes.

Und es ist diese mittige Schönheit gemeint, dieses Von-innen-heraus-Strahlen und nicht diese Schönheitsideale, die wir von überall gespiegelt bekommen.

Ja. Obwohl man das natürlich nicht völlig trennen kann. Diese Schönheitsideale sind etwas, was kreiert wurde, was kollektiv aufgebaut wurde und letzten Endes immer irgendwelchen menschlichen Interessen dient. Meistens wird heutzutage mit allem, was als starke kollektive Gedankenform geschaffen wird, ein ökonomisches oder ähnliches Interesse verbunden. Es ist ein bisschen schwer, das zu unterscheiden. Aber es gibt Formen oder Proportionen in der Natur, die wir als besonders schön empfinden. Das ist unbestritten. Das hat aber auch etwas damit zu tun, dass es gewisse innere oder göttliche Gesetzmäßigkeiten gibt, die sich in dieser Form dann spiegeln. Etwas in uns nimmt das wahr und nimmt das als schön wahr.

Vielleicht wäre hier der goldene Schnitt beim Buchsetzen ein Beispiel. Wenn die Rändergrößen einer Seite in einem gewissen Verhältnis zueinander stehen – beim goldenen Schnitt eben in einem Verhältnis von 2:3:5:8 – empfinden wir das als angenehm. Ist es so etwas, dass Dinge in einer Harmonie, in einem gewissen Verhältnis zueinander stehen?

Ja, es sind bestimmte Harmonien, die natürlich auch verschiedenen Zeitaltern entsprechen. In verschiedenen Zeitaltern sind verschiedene Harmonien wichtig. Die Renaissance hat beispielsweise ganz bestimmte Harmonien hervorgebracht oder enthüllt, die dem entsprachen, was zu der Zeit ins Bewusstsein der Menschen kam. Es ist einfach jeweils eine neue Spiegelung oder eine neue Erkenntnis eines der Gesichter Gottes. Oder die heilige Geometrie, die ein ganz eigenes Feld ist, nach der die Kathedralen gebaut wurden. Das hat natürlich auch etwas mit unserem Gefühl für Schönheit zu tun. Und ich denke, unser Gefühl dafür ändert sich.

Dennoch gibt es eine Schönheit, die dahinter liegt, die unabhängig davon ist. So kann es durchaus sein, dass wir einen Menschen wunderschön finden, der in seinen körperlichen Proportionen nicht diesen Gefühlen entspricht, einfach weil ein Licht von diesem Menschen ausgeht und weil dieses Licht auch im Körper ist, also auch durch den Körper strahlt. Dann empfinden wir diesen Menschen als schön.

Wir hatten als weibliche und männliche Eigenschaftspaare bereits die Intuition und das Formgebende, die Schönheit und die Kraft erwähnt. Warum ist die Kraft eigentlich männlich? Es heißt doch immer, Frauen sind das eigentlich starke Geschlecht [*lacht*].

Fragt sich, in was [lacht]. Wir haben gestern bei den physischen Unterschieden angesetzt. Bei den verschiedenen Skeletten. Wenn wir uns den Muskelaufbau anschauen und den einer Frau mit dem eines Mannes vergleichen, dann haben wir auf einer rein physischen Ebene die Antwort, warum Kraft männlich ist. Bei Frauen ist es eine andere Kraft. Während die Frauen den inneren Raum hüten und nach innen gehen, was sich äußerlich darin ausdrücken kann, dass sie Kinder gebären und den Raum dafür halten, sind die Männer diejenigen, die den äußeren Raum hüten oder schützen. Und dafür braucht es eine gewisse Kraft.

Was gibt es noch für Eigenschaftspaare?

In unserem Zusammenhang wäre vielleicht die Gegenüberstellung der beiden Seiten der Liebe wichtig. Die weibliche Seite ist die Sehnsucht. Sie sagt: „Ich warte auf Dich. Ich sehne mich nach Dir". Die männliche Seite ist das Erfüllende, das sagt: „Ich liebe Dich. Ich komme zu Dir". Es ist also weiterhin das Weibliche, das den inneren Raum hütet, das Weibliche, das den Zugang zur symbolischen Welt, zu den inneren Welten, hat. Diese Gegenüberstellung vereinfacht es natürlich auch so leicht.

Aber anhand von Beziehungsformen kann man das gut verdeutlichen. Das Weibliche, das diese Beziehung zum Leben als Ganzes hat, hat die Fähigkeit, das Netz, die organischen Verbindungen innerhalb des Ganzen zu erfassen und dahin zu kommunizieren. Während das Männliche stärker die Fähigkeit hat, über hierarchische Ebenen, also linear, zu kommunizieren. Wobei das natürlich nicht bedeutet, dass Frauen das nicht ebenso lernen und ausleben können und Männer sicher auch das andere lernen können. Aber innerhalb eines organischen Ganzen, innerhalb eines Netzes, zu kommunizieren und Beziehungen aufzubauen, das ist etwas Weibliches, weil das Weibliche eben den Kontakt zum Leben als Ganzes hat. Und – wenn wir wieder etwas konkreter werden und mehr zum Alltag kommen – „Sich-Beziehen" ist eine weibliche Qualität. In Familien ist es ganz häufig so, dass die Frau die Zuständige für die sozialen Kontakte ist und die sozialen Kontakte hält. Man kennt die Schattenseite davon, wenn Frauen so viel reden und manchmal zu viel reden [lacht].

Ich würde gerne nochmals auf die Sehnsucht zu sprechen kommen. In mir ist schon eine Resonanz, wenn ich höre, das Weibliche sagt: „Ich sehne mich nach Dir. Ich warte auf Dich." Aber was heißt das genau?

Es sind diese Verse überliefert – der Verfasser ist unbekannt –, die für mich so viel ausdrücken von dieser Sehnsucht und die gleichzeitig sagen, wo diese Sehnsucht herkommt. Sie lauten:

Ich rufe Dich von weit her,
Rufe Dich seit dem Anfang aller Zeiten.
Rufe Dich durch Jahrtausende,
Seit Äonen von Jahren.
Rufe und rufe seit jeher.
Sie ist Teil Deines Wesens, meine Stimme,
Doch leise nur dringt sie zu Dir
Und manchmal vernimmst Du sie.
Ich weiß nicht, sagst Du vielleicht.
Aber irgendwo weißt Du.
Ich höre es nicht, sagst Du.
Was ist es? Und wo?
Doch irgendwo hörst Du.
Und tief in Deinem Inneren weißt Du.
Denn ich bin, was schon immer in Dir war.
Was nie enden wird in Dir, bin ich.
Magst Du auch sagen, wer ruft?
Magst Du auch denken, wer ist es?
Wohin willst Du laufen? Sag mir.
Kannst Du vor Dir selbst weglaufen?
Denn ich bin das Einzige für Dich.
Nichts anderes gibt es.
Dein Versprechen, Deine Belohnung bin ich allein.
Deine Strafe, Deine Sehnsucht und Dein Ziel.

Und dieses – „Ich rufe Dich von weit her, seit dem Anfang aller Zeiten“ – das ist dieser Ruf. Die Sufis sagen: Gott ruft nach Sich selbst, und Er ruft nach Sich selbst im Menschen. Wenn der Mensch in sich diese unbestimmte Sehnsucht empfindet, dann ist das eigentlich „Seine Sehnsucht nach uns“. Denn wir können die Sehnsucht nicht zuerst empfinden. „Er“ hat Sehnsucht nach uns und ruft uns und irgendwann spüren wir unsere eigene Sehnsucht in der Tiefe unseres Herzens.

Dieses Spüren ist anfangs häufig ganz unbestimmt. Die meisten Menschen, oder wir alle eigentlich, wissen oft eine ganze Weile gar nicht, wie damit umgehen. Wir projizieren diese Sehnsucht in diese Welt, zum Beispiel auf einen geliebten Partner oder verlieren uns in der Sehnsucht einer romantischen Liebe oder in der Sehnsucht nach der Ferne, nämlich im Fernweh, oder in der Sehnsucht nach der Heimat, im Heimweh. In all diesen Formen drückt sich diese tiefe unbestimmte Sehnsucht aus, die im Grunde ein Ruf ist, ein Ruf tief in unserem Herzen. Das ist die weibliche Seite der göttlichen Liebe. Gott liebt uns und sehnt sich nach uns und möchte, dass wir uns nach Ihm sehnen. Die Sehnsucht, wenn sie erwacht im Herzen eines Menschen, ist das, was ihn nährt und voranbringt auf der Reise. Wenn sie gestillt würde, dann würden wir nicht mehr suchen.

Warum ist Sehnsucht eher eine weibliche als eine männliche Eigenschaft?

Weil es nicht das Aktive ist. Das ist ebenfalls eine Gegenüberstellung von weiblicher und männlicher Qualität: Das Männliche ist das Aktive, das Tuende, während das Weibliche das Seiende ist, das einen Raum hält und einfach ist. Wenn ich liebe und vornehmlich Sehnsucht empfinde, dann agiere ich nicht, sondern bin in diesem Gefühl und warte. Wenn ich das in die Hand nehme und sage: „So, ich reise jetzt zu Dir. Du bist mein Ziel. Ich mache mich auf den Weg zu Dir, denn ich liebe Dich“, dann lebe ich die männliche Seite der Liebe. In der Sehnsucht brennen dieses unstillbare Verlangen und das Warten – das sind weibliche Qualitäten.

Auch das Warten?

Auch das Warten, ja.

Wie sieht das weibliche Warten aus? Kannst Du das näher beschreiben?

Ich denke, das hat mit der Qualität des Seins zu tun. Denn es setzt voraus, dass ich nicht voreilig in die Aktion gehe und versuche, die Dinge zu beschleunigen oder mich in einen Prozess, der stattfindet, einzumischen, sondern ich lasse es geschehen. Ich bin. Ich versuche nicht einzugreifen. In dem Moment warte ich.

Darin liegt aber auch eine große Gefahr, nämlich dass ich einfach zu lange warte, dass ich untätig werde.

Ja.

Wie kann ich das unterscheiden?

Jetzt sind wir wieder bei der Unterscheidungsfähigkeit, die eine der großen Künste ist, die es zu erlangen gilt auf einem inneren Weg. Wie kann ich das unterscheiden? Ich brauche ein bisschen eine Portion von männlichen Qualitäten, würde ich sagen. Es braucht natürlich diesen Impuls, der mir sagt: „Genug ist genug und jetzt muss was passieren" [lacht].

Ich muss eine Balance leben. Ich muss versuchen, das Gleichgewicht zu leben, dass an einem bestimmten Punkt diese Stimme sich erheben kann, die sagt: „Genug ist genug". Aber es gibt natürlich auch andere Kriterien, zum Beispiel wenn ich spüre, dass diesem Warten kein Leben mehr innewohnt. Ja, wenn kein Leben mehr enthalten ist, wenn es auf eine Art grau wird oder keine Farbe mehr hat, wenn es sich nicht mehr bewegt darin. Warten ist kein starrer und unbeweglicher Zustand. Warten kann ein sehr dynamischer Zustand sein. Das Leben ist darin enthalten, auch wenn ich nichts tue. Es ist ja ein Sein. Aber wenn das Leben daraus schwindet, dann ist es auch kein lebendiges Sein mehr. Dann ist das wie auf einem Abstellgleis zu stehen und den Anschluss verpasst zu haben. Und das kann man natürlich fühlen. Man muss dann nach innen gehen und fragen: „Wie ist das, fühlt sich das noch lebendig an?"

Wie wir in den eben zitierten Versen gehört haben, ist die Antwort ja immer da.

Ja. [lacht]

Wir kommen immer auf „Ihn". Wir haben gestern häufig über „Ihn" gesprochen, über Gott. – Was verstehst Du unter Gott?

Das ist eine Frage, die ich nicht beantworten kann, weil Gott undefinierbar ist und niemand von uns Ihn eingrenzen kann [lacht]. Niemand kann Ihn in Worte bringen, und Ihn verstehen schon gar nicht. Gott ist jenseits unseres Verstehens. Aber ich kann natürlich versuchen zu vermitteln, was ich damit verbinde – auch wenn es immer stümperhaft bleibt [lacht]. Ich kann das, was Gott für mich ist, im Grunde nur durch eine Verneinung andeuten.

Also beschreiben, was Er nicht ist?

Durch die Verneinung erklären, dass Er „Das" ist, was ich nicht beschreiben kann [lacht] und was ich nicht eingrenzen kann und was genau jenseits all meiner Möglichkeiten liegt, irgendetwas zu beschreiben oder zu definieren. Das ist das Unerklärbare, das Ungesehene, das letzte Geheimnis, das Unvorhersehbare, dessen Wege unergründlich sind. Und dennoch ist es so, dass es nichts gibt, was nicht Gott ist.

Du verstehst unter Gott auf jeden Fall nicht einen Gott im Himmel, der hin und wieder auftaucht?

Nein. Gott ist auch keine Person für mich. Keine Person und kein Wesen. Schon gar keines außerhalb von mir und natürlich nicht der Mann mit dem Bart auf einer Wolke. Auch nicht der, der hin und wieder auftaucht. Die Mystiker beschreiben Ihn als Den, Der Sich verhüllt und enthüllt. Insofern kann man schon sagen, Er taucht hin und wieder auf und hin und wieder ab [lacht]. Aber Er ist immer da. Er verhüllt sich eben.

Ich kann auch andere Begriffe benutzen: Er ist die Leere, das, was Nicht ist. Gleichzeitig ist Er das Leben. Das Leben selbst. Er ist die Wahrheit, die absolute Wahrheit. Es ist immer Beziehung zu Ihm da, beziehungsweise ist auch keine Beziehung zu Ihm da. Das ist aber schwer zu erklären. Es ist keine Beziehung zu Ihm da, weil es kein Außerhalb gibt. Es ist eins. Wenn etwas in uns eins ist, kannst Du keine Beziehung mehr herstellen. Aber wenn ich versuche, eine Beziehung zu Ihm zu beschreiben, dann ist es Liebe. Der, Den ich liebe und Der mich liebt.

Es gibt ja auch diese verschiedenen Gesichter Gottes …

Es ist so, dass davon gesprochen wird, dass Gott sich auf verschiedene Weise in der Welt offenbart. Wir sagen „Er" – aber das ist eigentlich kein „Er". Das Er kommt daher: Viele Mystiker sagen, die Seele ist vor Gott weiblich. Egal, ob es die Seele einer Frau oder eines Mannes ist. Vor Gott ist sie weiblich. Sie wartet auf Ihn und sehnt sich nach Ihm. Und deshalb sagen wir „Er". Als Gegenüber im Grunde.

Weil die Seele weiblich ist, müsste der „Gegenpart" männlich sein?

Es müsste nicht so sein. Aber das liegt dann nahe für uns als Menschen, das so auszudrücken, weil es meistens menschlichen Gewohnheiten entspricht. Aber eigentlich ist natürlich Gott weder männlich noch weiblich. Diese verschiedenen Gesichter sind die Formen durch die Er sich in dieser Welt, für unsere Möglichkeiten etwas wahrzunehmen, offenbart. Aber letzten Endes bleibt die Essenz immer ein Rätsel. Es bleibt immer ein Geheimnis.

Man kann sagen, es gibt eine Evolution in der Enthüllung Seiner verschiedenen Gesichter. Mein Lehrer Llewellyn Vaughan-Lee erinnert immer wieder daran, dass wir Menschen die Evolution irrtümlicherweise auf uns bezögen, sie als unsere Evolution betrachteten. Aber in Wirklichkeit ist es so, dass es Gottes Evolution ist, dass Sein Wesen sich immer wieder auf neue Art und

Weise in dem Bewusstsein der Menschheit offenbart oder spiegelt, und dass auch immer wieder von Zeitalter zu Zeitalter ein neuer Aspekt Gottes im Bewusstsein der Menschen auftaucht. Das ist Evolution. Und das geht natürlich immer weiter. Aber in der Essenz wird immer etwas verborgen, es wird immer ein Geheimnis bleiben. Das bleibt wahrscheinlich auch das Besondere in der Beziehung zu Ihm. Wenn wir Gott völlig ergründen und enthüllen könnten, dann wäre es einfach nicht mehr Gott. Dann wäre es etwas, das wir uns zu eigen gemacht hätten.

Es ist sozusagen eine Evolution Gottes, die ein Geheimnis bleibt.

Nein, würde ich sagen [lacht]. Die Evolution bleibt ja kein Geheimnis. Es wird immer etwas offenbart, was dann kein Geheimnis mehr ist. Aber mit jeder Offenbarung wird auch wieder etwas anderes verhüllt. Es bleibt hinter dem, was enthüllt wird, immer ein Geheimnis.

Erfahren wir nach unserem Tod, wenn dieser Körper sich auflöst, das Geheimnis?

Dieses Geheimnis wird auch nicht offenbart, wenn wir in einen anderen Zustand übergehen, weil der Tod für uns nur ein Wechsel des Zustands ist. Wir hinterlassen diesen physischen Körper, aber wir werden dann nicht Gott [lacht].

Was werden wir?

Ich glaube, das ist für verschiedene Menschen unterschiedlich, wo sie nach dem physischen Tod hingehen. Es gibt viele verschiedene Orte, soweit ich das wahrnehmen kann, zu denen wir gehen, je nachdem, was das Schicksal und der Weg unserer Seele ist.

Es ist aber nicht so, wie im christlich-religiösen Sinne, dass ich mir durch eine „gute" Lebensweise für hinterher unterschiedliche Orte erarbeiten kann?

Wie das Fegefeuer [lacht]? Ich weiß es nicht. Ich würde es gar nicht unter der Fragestellung sehen, ob es jetzt schlechte oder gute Räume gibt. Es gibt im Grunde keine guten oder schlechten Erfahrungen. Es gibt Erfahrungen.

Und das ist auch etwas, das wichtig ist, zu dem man finden kann auf einem sogenannten spirituellen Weg, dass man Erfahrungen einfach als Erfahrungen wahrnimmt. Denn das ist auch der Weg der Seele, dass sie verschiedene Erfahrungen durchläuft. Oft fragen Menschen, wenn sie ein Leid erfahren: Warum passiert das mir? Wie überhaupt konnte das geschehen? Und es ist einfach die Erfahrung, die die Seele braucht, um etwas zu erkennen und in ihrer Evolution fortzuschreiten, in dem, wie die einzelne Seele Gott verwirklicht.

Ich gehe davon aus, dass die Erfahrungen auf der anderen Seite, also jenseits des physischen Todes, ganz anders sind als in dieser physischen Welt, weil es hier eine bestimmte Art von Erfahrung gibt, die man nur hier auf der Erde machen kann, nur hier in dieser physischen Inkarnation. Wir wissen das gar nicht zu schätzen. Wir finden das Leben meistens schwierig und jammern und klagen über all die Probleme und Härten auf unserem Lebensweg. Im Grunde müssten wir permanent jubilieren und dankbar sein, dass wir dieses Leben haben, weil es eine Chance ist, gewisse Erfahrungen zu machen, die wir auf keiner anderen Ebene der Existenz machen können.

Welche Art von Erfahrungen ist das, die wir nur hier machen können?

Gott im physischen Leben erfahren zu können, mit einem physischen Körper in einer Interaktion dessen, was wir Leben nennen. Es ist die Erfahrung, dass das Göttliche sich auf eine Art offenbart – Lachen, Weinen, Freundschaft, Schmerzen, menschliche Liebe; wie wir mit dieser Welt kommunizieren können; wie wir auf diese Welt einwirken können; die Möglichkeiten, die wir haben, mitzuschöpfen, also an der Schöpfung teilzuhaben; die Freiheit, die wir haben und leider insgesamt als Menschheit im Moment fast nur zu unserem Nachteil nutzen oder zum Nachteil dieses Planeten, die Freiheit, soviel aus diesem Planeten zu machen und seine Schönheit und seine Fruchtbarkeit und all das noch weiter zur Entfaltung bringen zu lassen.

Daran können wir ja mitwirken. Die Freiheit ist so groß – im Moment ist die Menschheit dabei, sich die eigene Lebensgrundlage zu vernichten. Wir können uns entscheiden, machen wir es so oder machen wir es anders. Geben wir der Gier nach, die Schöpfung grenzenlos auszubeuten, oder besinnen wir uns darauf, dass alles für uns da ist, wenn wir es anders nutzen, miteinander nutzen. Dieses gesamte Spektrum, auch diese Freiheit, die wir haben, direkt an dieser Schöpfung der Welt teilzuhaben, das ist das Besondere daran, hier zu sein und in dieser Welt zu sein im Vergleich zu anderen Welten.

Wir bekommen jetzt in dieser Welt – wenn wir eine bestimmte spirituelle Arbeit tun – Hilfe aus den anderen Welten. Aber wir müssen hier Dinge tun, die von anderen Welten aus nicht getan werden können, weil dort die Möglichkeiten fehlen, die wir hier im physischen Körper, vor allem in einem menschlichen Körper, haben. Das Menschsein birgt ja bestimmte Qualitäten.

Welche, zum Beispiel im Vergleich zu einem Tier?

Das Bewusstsein, das menschliche Bewusstsein. Es heißt, der Mensch ist die Krone der Schöpfung. Manche sagen, das sei arrogant den Tieren oder den Pflanzen gegenüber. Aber ich denke, es ist schon so, in dem Sinne, dass der Mensch auch kraft seines Bewusstseins eine bestimmte Verantwortung hat seinen Mitgeschöpfen und dem gesamten Planeten gegenüber.

Um dieser Verantwortung gerecht werden zu können, muss ich mich ja irgendwie vorbereiten, dass ich dem Göttlichen, Ihm, Raum geben kann, dass ich Ihn erkennen kann. Ein Weg dorthin ist sicher die Meditation. Was gibt es noch für Wege?

Es gibt einen Ausspruch aus der mystischen Dichtung, der sagt: „Die Wege zu Gott sind so zahlreich wie die Menschen und so zahlreich wie die Atemzüge der Menschenkinder." Die Wege sind sehr vielfältig. Es gibt kein Buch, in dem alle Wege zu Gott geschrieben stehen. Dafür steht in der Bhagavad Gita, den altindischen Schriften, geschrieben: „Am Ende aller Pfade dort warte Ich. Denn alle Wege sind Meine Wege."

Es gibt immer erst einen Moment eines gewissen Erwachens. Man erinnert sich irgendwo und dann sucht man. Und es gibt mitunter auch Menschen, die **sind** einfach, die haben weder einen Lehrer noch folgen sie bestimmten spirituellen Unterweisungen, die sind einfach in ihrem Leben und finden auf diese Weise zu Gott. Es heißt ja auch, das Leben ist der größte Lehrer. Und auch diese Leben können wiederum sehr unterschiedlich sein. Um den ganzen Weg bis ins Eintauchen in Gott zu gehen, brauchen die allermeisten Menschen jedoch ab einem bestimmten Punkt einen Lehrer in einer lebendigen Tradition.

Wir hier im Westen, in der gegenwärtigen Zeit, sind sehr abgeschnitten von natürlichen Möglichkeiten, von Wegen zu Gott, wie sie sich natürlich ergeben und auch wie sie durch Traditionen, also in einer Kette der Übertragung von Meistern zu Schülern weitergegeben wurden. Ich denke, so kam es auch dazu, dass viele östliche Traditionen wie beispielsweise der Buddhismus hier im Westen Eingang gefunden haben. Natürlich bergen dann in diesem Feld die verschiedenen spirituellen Traditionen Möglichkeiten, wie Meditation oder spirituelle Übung.

Ich denke aber auch, ein Leben in Hingabe und Dienen ist ein Weg oder eine Möglichkeit, Gott wiederzufinden. Oder ein Leben als Künstler. Die Künstler haben, da sie einen tieferen Zugang haben zur Kreativität – was ja eigentlich Schöpfungskraft bedeutet –, einen ganz eigenen Weg, der nicht unbedingt zwingend dort hinführt, aber doch die Möglichkeit bietet, zu Gott zurückzufinden. Es gibt Menschen, die finden zu Gott durch Tanz. Und, was ich persönlich immer sehr spannend finde, selbst Naturwissenschaftler, die in ihren Forschungen alles Spirituelle gänzlich ausschließen, finden zu Gott, weil sie irgendwann gerade durch ihre Forschung genau an diese Schwelle stoßen, wie beispielsweise Physiker an diese Grenze zwischen Physik und Metaphysik gelangen und sich dann sagen: „Oh, jetzt komme ich in einen Bereich, den ich mit meinen Mitteln nicht mehr erklären kann und jetzt spüre ich, dass da etwas viel Größeres ist.“ Also es gibt viele Wege, viele, viele Wege außer Meditation.

Wie ist es mit Hingabe und Dienen? Kann man das auch dem Weiblichen oder Männlichen zuordnen?

Ich denke schon, dass Hingabe eine weibliche Qualität ist. Das ist ja verwandt mit der Qualität des Wartens, des Leerseins, der Sehnsucht. Hingabe bedeutet immer, dass ich mich selbst im Grunde zurücknehme oder zurück trete und etwas anderem, dem ich mich gebe, zur Verfügung stelle.

Wenn Du sagst: „Ich mich selbst." Was ist dann dieses „ich"? Und das „mich"?

Das ist die Illusion, die ich davon habe, dass es etwas gibt in mir, das getrennt ist von Gott. Und von dem ich die Vorstellung habe, das ist „ich". Das ist das Ego, das etwas für sich haben will. Das stelle ich zurück. Seine Wünsche und seine Bedürfnisse stelle ich hinter etwas anderes. – Das klingt so streng. Aber das ist es nicht. Es hat mit Freude zu tun. – Hingabe hat auch eine sehr leidenschaftliche Seite. Hingabe gibt sich, ohne zu fragen und ohne zu zweifeln, und gibt sich einfach voll und ganz, und das ist etwas ganz Leidenschaftliches. Nicht bitter oder trocken [lacht].

Leidenschaft ist in Verbindung mit einem spirituellen Weg eher ein ungewöhnliches Wort. Normalerweise heißt es ja, dass Leidenschaft auf diesem Weg nicht förderlich ist, sondern dass man sich auch von Leidenschaft trennen sollte und nicht anhaften sollte.

Leidenschaft ist Feuer für mich, ist ein bestimmtes Feuer, das ich für etwas brennen und lodern lasse. Ein in Flammen stehendes Feuer. Und ich meine, Liebe ohne Feuer – das funktioniert nicht. Und letzten Endes werden wir ja selbst in der Liebe verbrannt, damit wir den Weg dahin finden, wo wir am Ende nicht mehr sind. Auf einem Sufi-Weg wird man in der Liebe verbrannt. Das ist nicht möglich ohne Feuer.

Advaita-Vedanta – eine indische Tradition – sagt: „Da ist nichts. Es gibt nichts zu befreien."

Das stimmt auch, auf einer bestimmten Ebene.

Diese Tradition sagt weiter, dass ich mich von den Sinnen trennen sollte, dass es sowieso nichts gäbe, an das ich anhaften könnte, und dass es insofern nichts gäbe, von dem ich mich trennen müsste.

Das ist, wie es in Wahrheit ist. Aber es ist immer die Frage, von wo wir sprechen. Ob wir von da sprechen, wie es wahr ist, oder ob wir von da sprechen, wo wir uns befinden. Wir leben alle in der Welt der Illusionen. Natürlich sind es letztendlich Illusionen. Aber sie **existieren** als Illusionen.

Es kommt immer darauf an, wo man ist, von wo aus man darauf schaut. Wenn jemand sagt: „Es gibt nichts zum Anhaften. Es ist gar nichts da. Und deshalb gibt es auch nichts, von dem wir uns befreien müssen", aber gleichzeitig sagt: „Es ist gut, diese Dinge nicht zu haben", dann räumt er ein, dass jenseits des Feldes, wo er steht und es auf diese Weise sieht, auch noch jemand auf der anderen Seite steht, für den diese Dinge eben da sind. Es kommt immer darauf an, von wo man schaut.

Dass es nichts gibt, das stimmt. Ich meine, es ist die eigentliche Wahrheit. Aber was nützt mir diese Wahrheit? Ich kann davon träumen. Trotzdem muss ich einen Weg dorthin finden, dass ich es selbst sehe und es empfinden, es erfahren kann. Natürlich – das ist die Freiheit, das ist die absolute Befreiung, zu erkennen, dass nichts ist. Aber wenn ich in Ketten liege und mir jemand sagt: „Eigentlich bist Du frei", dadurch bin ich nicht automatisch frei. Ich werde immer sagen: „Du siehst doch meine Ketten hier!" Es muss schon auch einen Weg dahin geben, denke ich.

Aber um auf die Sinne und die Leidenschaft zurückzukommen. Da würde ich schon sagen, das ist eine Sache der Definition. Wenn ich Leidenschaft sage, meine ich nicht Leidenschaft als eine überbordende Emotion. Ich würde in dem Zusammenhang auch Emotionen und Gefühle unterscheiden, weil die Emotionen das sind, was uns anhaften lässt, wenn wir uns praktisch in ein Gefühl reinsteigern und an etwas festhalten. Wenn ich Leidenschaft sage, dann meine ich eine Fähigkeit des menschlichen Herzens, nicht unserer Instinkte oder unseres Ego, sondern die Fähigkeit des menschlichen Herzens zu brennen.

Und ich persönlich denke, wer nicht brennen kann, hält den Weg nicht durch. Es braucht Brennstoff [lacht], und ein Feuer, das in Gang gehalten wird.

Ich wüsste gerne noch mehr über weibliche Eigenschaften. Ist beispielsweise das Dienen eine weibliche Eigenschaft?

Im weitesten Sinne ja. Ich würde es nicht so verteilen auf Frauen und Männer. Ich würde es eher als weibliche Qualität sehen, wie wir Menschen alle, Frauen und Männer, Gott dienen können. Ich würde es in einen weiteren Sinn fassen. Es ist immer so ein bisschen schwierig mit dem Dienen, weil bei dem Wort „dienen" für Menschen in unserem Kulturkreis viel Unklares und Unausgegorenes mitschwingt.

Bei vielen Menschen ruft es Widerstand hervor. Und bei anderen klingt etwas anderes mit an – naja, man kann sich sehr groß machen im Dienen. Wenn man sagt: „Ich diene", dann dient man eigentlich schon nicht mehr, weil da ein **Ich** ist, das dient. Wir verbinden nichts oder etwas sehr Eigenes mit Dienen. Soldaten dienen zum Beispiel. Oder man ver-dient etwas. Aber das ist nicht gemeint.

Und wenn wir die Ursprünglichkeit des Dienens nehmen. Wäre es dann eine weibliche Qualität? Hat es nicht auch etwas mit Hingabe zu tun?

Ja, es hat etwas mit Hingabe zu tun. Natürlich. Wo keine Hingabe ist, ist kein Dienen möglich. Aber ich glaube, letzten Endes in der Beziehung zu Gott und zu seiner Welt hier oder zum Leben ist es der natürliche Zustand zu dienen. Das, was uns davon abhält, sind ja der Stolz und die Vorstellung, etwas anderes zu sein oder getrennt von dem zu sein. Wenn ich eins bin mit dem, was ich tue, diene ich. Und natürlich impliziert das Dienen auch immer, etwas nicht für sich selbst haben zu wollen. Aber ich glaube, wer einfach natürlich dient, darf gleichzeitig beanspruchen, selbst da zu sein, ohne dass er die Früchte seines Dienens für sich selbst beansprucht. Das ist halt immer so die Gratwanderung.

Dass man eben nicht sagt: „Ich diene. Das ist mein Werk."

Genau. Denn dann wäre es kein Dienst, sondern ein **Werk**. Und zwar **mein** Werk [lacht].

Du sagst: „Wenn ich eins bin mit dem, was ich tue, diene ich." Eine Hilfe auf dem Weg dorthin, eins zu sein, eins zu sein mit Ihm, ist die Meditation. Was verstehst Du unter Meditation?

Man kann Meditation beschreiben als einen ganz bestimmten Raum, in den ich mich begebe. In diesem Raum habe ich die Möglichkeit, meine gewöhnlichen Ich-Muster – meine Gedanken, Vorstellungen und Gefühle, alles was so durch mein System wirbelt – abzulegen oder hinter mir zu lassen, um in Verbindung mit meiner Seele zu sein oder um die Schleier, die zwischen dem, was ich lebe und wahrnehmen kann, und dem, was meine Seele ist, ein bisschen zu lüften. Konkret heißt das, dass Meditation darauf abzielt, den gewöhnlichen Gedankenfluss, die Verstandestätigkeit, still werden zu lassen.

Wir müssen uns vorstellen, dass der Verstand nur ein ganz kleiner Ausschnitt ist von dem, was unseren Geist ausmacht und von dem, wozu wir Zugang haben können. Natürlich ist unser Geist nicht getrennt von dem Geist der anderen und dem Geist der Welt, sondern es ist eins. Aber der Verstand ist das, was uns trennt. Der Verstand sagt mir: „Hier bin ich und da bist du", und er hilft mir, die Dinge auf einer gewissen Ebene zu ordnen, so dass sie lebbar sind. Das ist wie nur eine einzige einfache Rechenart unter sehr vielen verschiedenen auch differenzierten Rechenarten. Wir sind meistens gewohnt, nur diese eine Rechenart zu benutzen, und können dadurch natürlich auch nur einen ganz kleinen Ausschnitt erfassen. Der Verstand kann ja auch nur so arbeiten, dass er trennt. Dadurch nehmen wir das ganze Bild getrennt, in Trennungen wahr.

In der Meditation können wir dahin kommen, den Verstand so zurücktreten zu lassen oder aufgehen zu lassen – wie wir sagen – in etwas Größerem, dass ein Bewusstseinszustand sich einstellen kann, der mehr identisch ist mit der Wahrheit, mit dem was ist. Wir **sind** dann. Wir hören auf zu denken, zu urteilen, zuzuordnen. Wir **sind** in dem größeren Ganzen. Die Methoden der

Meditation zielen deshalb darauf ab, dass wir diesen ständigen Gedankenfluss, dem wir unterliegen – ob wir es nun merken oder nicht, die meisten Gedanken sind ja sowieso unbewusst – abstellen können, dass wir den Verstand stillen und dann in einen anderen Bewusstseinszustand eintauchen können.

Wie kann ich das erreichen?

Manche Traditionen machen das eben über Gesang, über das Wiederholen von Mantren, über den Atem, über Konzentration oder sie meditieren eben einfach in Stille. Ich selbst mache seit vielen Jahren eine stille Meditation, die keine äußeren Formen hat, sondern mit der Energie der Liebe arbeitet, um mit der Energie der Liebe den Verstand still werden zu lassen. Es gibt verschiedene Stadien in dieser Meditation. Das erste Stadium der Meditation ist – auch nicht immer, aber meistens – der Zustand des Dhyana.

Das Dhyana gibt es auch in anderen Traditionen. Das bedeutet, dass die Sinne, die normalerweise nach außen gerichtet sind, ganz nach innen gehen. Man nimmt dann einfach die Außenwelt nicht mehr wahr. Man ist in einem tiefen, innerlich aufmerksamen, aber in gewisser Weise auch unbewussten Zustand. Es ist vergleichbar mit Schlaf. Aber man schläft nicht. Man ist wach, aber befindet sich in dieser inneren Welt, und wenn man aus der Meditation herauskommt, weiß man auch nicht genau, wo man war, aber man behält einen Geschmack davon. Es bleibt etwas. Das verschwindet nicht. Dass man unbewusst ist in diesem Zustand, bedeutet nicht, dass es irgendwo verschwindet. Es bleiben eine Ahnung und eine Erinnerung, und natürlich ist es oft verbunden mit einem Gefühl von Glückseligkeit oder Frieden oder Liebe.

Es ist also kein Schlaf, aber man ist nicht im Alltagsbewusstsein. Manche sagen auch: „Oh, ich glaube, ich habe geschlafen." Aber sie haben nicht geschlafen. Manche schlafen natürlich auch ein [lacht]. Das kommt vor. Wenn sie abends müde von der Arbeit kommen und dann meditieren. Aber das macht nichts. Ich meditiere oft vor dem Einschlafen und gleite dann über.

Es gibt dann verschiedene Stufen in der Dhyana-Meditation. Auf die Dhyana-Meditation folgt dann, wenn man weiter geht, der Zustand des Samadhi. Wir benutzen diese Begriffe aus dem Indischen, da unsere Tradition, unsere nächsten vorderen Meister aus dem indischen Raum kommen. Andere Sufi-Pfade benutzen arabische Begriffe. Samadhi bedeutet: Man wacht auf in diesem höheren Bewusstsein, in dem man sich befindet. Man ist nicht mehr unbewusst, sondern bewusst in diesem Zustand, oder man könnte auch sagen „wach". Es ist ein Zustand, in dem man ganz verschmelzen kann mit Gott, in dem man ganz in der Wahrheit ist und einfach **ist**.

Allerdings gibt es zunächst einen langen Weg dorthin. Meditation ist Weg und Übung. Immer wieder von Neuem. Es ist wichtig, sie in unserem Leben zu verankern, damit sie ihre Wirkung entfalten kann.

Muss ich mich beim Meditieren speziell hinsetzen? Muss ich eine besondere Haltung einnehmen?

Es gibt Traditionen, die der Körperhaltung, bei der Meditation eine gewisse Wichtigkeit geben. Jede Tradition hat ein eigenes System, das sich durch viele Generationen von weisen Menschen, durch ihre Erkenntnisse und Lehren entwickelt hat und zur Meisterschaft geführt wurde. Je nach System spielt der Körper, seine Erziehung und Haltung wie auch der Energiefluss im Körper eine eigene Rolle. So können von den verschiedenen Traditionen jeweils die Seelen angezogen werden, denen diese Art des Weges entspricht.

Bei der Meditation des Herzens, die ich mache, ist die Körperhaltung nicht wichtig, weil wir dem Körper diesbezüglich gar nicht die Aufmerksamkeit geben. In der Meditation des Herzens oder auch der liebenden Hingabe ist es wichtig, dass wir entspannt sind. Wenn wir bestimmte schwierige Körperhaltungen einnehmen, sind unsere Gedanken bei den Schmerzen, die im Knie oder im Rücken entstehen. Deshalb spielt es letzten Endes keine Rolle, wie man sitzt, es sollte einfach entspannt sein. Es gibt auch Leute, die meditieren im Liegen. Das ist für mich persönlich nicht so gut. Ich fühle mich mehr ausgerichtet, wenn ich sitze. Das muss, glaube ich, einfach jeder für sich selbst ausprobieren.

Wäre das auch wieder der weibliche Zugang, indem ich sage: „Es ist mir wichtig, dass mein Körper sich wohlfühlt."

Ja, genau. Es entspricht sehr dem weiblichen Weg. Es ist für viele Frauen sehr schwierig, Meditationswege zu beschreiten, die den Körper so ein bisschen „gängeln". Natürlich zielt das darauf ab, sich von den Empfindungen, die man mit dem Körper hat, zu lösen und es eben auszuhalten, eine Stunde im Lotussitz zu sitzen, selbst wenn alle Gelenke wehtun. Das ist für viele Frauen schwierig, weil sie auf diese Weise die Verbindung zu ihrem Körper verlieren. Das tut einer Frau nicht gut. Das schneidet sie auf eine gewisse Weise ab.

Natürlich hat es dann all die wunderbaren Wirkungen innerhalb dieser spirituellen Tradition, es wird ein innerer Raum aufgebaut, der immer bei der Meditation aufgebaut wird, und es wird ein spiritueller Körper aufgebaut. Aber oft ist dann der spirituelle Körper getrennt. Er existiert wie getrennt von dem menschlichen, dem physischen Körper und von dem Hiersein. Und manchmal ist es wirklich so, dass Frauen dann ganz große Schwierigkeiten haben, das wieder zu verbinden und wieder in die Verbindung mit dem Leben zurückzufinden.

Ich persönlich kenne auch Frauen, die sich wirklich dissoziiert, sich getrennt fühlen. Diese Frauen können zwar wunderbar meditieren und einen wunderbaren, klaren Geist haben – sehr entwickelt, sehr rein, sehr klar, sehr fokussiert – und auch sehr viel Klarheit ausstrahlen, aber sie haben diese Verbindung zum Leben verloren.

Was kann ich machen, wenn die Gedanken in der Meditation nicht aufhören?

Manche Traditionen arbeiten damit, dass sie immer wieder den Fokus auf etwas anderes lenken – dass man Mantras sprechend wiederholt oder immer wiederkehrend singt oder sich auf eine bestimmte Art zu atmen konzentriert.

In der stillen Meditation des Herzens ist es so, dass wir die Liebe nutzen, um unseren Verstand zu stillen. Es heißt, die Liebe ist die größte Kraft im Universum. Sie ist stärker als der Verstand. Auch wenn die Gedanken sehr mächtig sind. Ich setze mich hin, entspanne, werde ruhig, dann schwinge ich mich einfach innerlich ein, auf das, was für mich persönlich Liebe ist. Und zwar nicht irgendein Konzept von Liebe, das ich von woanders her nehme. Das funktioniert nicht, weil es nicht meins ist. Es geht darum, dass Du versuchst, in Dein Herz zu gehen und zu schauen, wo Du da Liebe findest. Manchmal funktioniert es am Anfang darüber, dass man sich an einen Menschen erinnert, den man sehr liebt, oder an ein Gefühl, das man im Zusammensein mit diesem Menschen hat oder hatte in einer bestimmten Situation. Und wer jetzt nicht einen Menschen hat, den er liebt, der kann an seine Katze denken, die er sehr liebt. Für manche ist es die Liebe, die man empfindet, wenn man einen Moment hatte, in dem man das Gefühl hatte: Oh, Gott liebt mich. Und für manche ist es gar nicht so stark das Gefühl von Liebe, sondern vielmehr eine Art von Friede, der mit dieser Liebe zu tun hat, oder eine Qualität von Stille. Also, man muss in sich selbst schauen, wo dieser Punkt ist. Und dann lässt man sich in dieses Gefühl fallen. Man versucht einfach, dieses Gefühl in sich stärker werden zu lassen.

Und dann kommen die Gedanken: „Was habe ich vergessen zu tun? Was steht auf meinem Terminkalender?“ All das. Es ist wichtig, dass man, wenn man dies bemerkt, sich nicht dafür bestraft. Dass man nicht sagt: „Oh, jetzt hast du schon wieder daneben gehandelt und nicht ordentlich meditiert und was hast du für schreckliche Gedanken!“ Vielmehr ist es gut, wenn man – ganz ohne zu urteilen – liebevoll diesen Gedanken nimmt und ihn in dieser Liebe versenkt und wieder zurück zu dieser Liebe geht. Das einfach immer wieder neu und mit sehr viel Geduld und Nachsicht. Man sollte nicht anfangen, gegen diese Gedanken zu kämpfen, denn dann macht man sie stärker. Das Kämpfen verstärkt ja immer nur die ganze Situation.

Man nimmt die Gedanken und versenkt sie in diesem endlosen Ozean der Liebe. Es kommt natürlich der nächste Gedanke und man nimmt ihn und versenkt ihn aufs Neue. Und irgendwann innerhalb einer viertel Stunde oder einer halben Stunde Meditation gibt es einen ganz kleinen Moment, in dem einfach nichts da ist. Es ist still. Um diesen Moment geht es! Und der bleibt.

Diese Momente sind wie Lichtpartikel, die wir in uns anreichern. Durch regelmäßiges Meditieren geschieht es, dass die Meditation ein Gefäß für uns bildet. Ein Gefäß für die spirituellen oder mystischen Erfahrungen, die wir auf einem Weg machen. Wenn wir dieses Gefäß nicht haben, kann es ganz leicht passieren, dass wir irgendwie durchknallen. Es muss etwas geben, das den inneren Erfahrungen Halt, das ihnen Raum geben kann. Und das geschieht durch die Meditation, weil wir durch die Erfahrung der Meditation eine Art Lichtkörper aufbauen. Wir müssen gar nichts dafür tun. Wir bauen ihn nicht selbst. Wir setzen uns einfach hin und meditieren. Gleichzeitig merken wir natürlich auch jedes Mal, dass es uns auch guttut, weil wir einfach für einen Moment zur Ruhe kommen. Auch wenn die Gedanken rasen.

Und natürlich gibt es – wie es im Leben auf einer Ebene gute und schlechte Erfahrungen gibt – auch gute und schlechte Meditationen. Man sollte dies aber nicht so beurteilen. Wenn man mal gesessen hat und es war ganz schlimm mit den Gedanken, sollte man vielmehr sagen: „Okay, so war es heute. Das nächste Mal wird es wieder anders." Natürlich gibt es auch Momente, da stimmt es einfach nicht. Es gibt auch für mich Momente, da setze ich mich hin und merke: „Nein, es ist absolut der falsche Zeitpunkt". Dann breche ich es ab. Ich stehe dann wieder auf, weil es sonst keinen Sinn macht.

Muss ich mich wirklich hinsetzen, um diesen Moment des Seins zu erfahren, oder gibt es im ganz normalen Alltag Momente des Seins – zum Beispiel beim Karottenschneiden?

Das gibt es. Das würde ich jetzt nicht die formale Meditation nennen. Aber es gibt einmal dieses Gefäß, das ich der Meditation gebe, wo ich wirklich für eine Weile aus dem Alltag ganz heraustrete. Und es gibt natürlich die Möglichkeit, das, was wir in der inneren Welt erfahren, in die äußere Welt, in den Alltag, zu bringen. Die Meditation führt uns dorthin, so dass wir in jedem Moment unseres Lebens **sein** können, mitten im Alltag. Und darum geht es letzten Endes. Das hilft, dass unsere ganze Welt lichtvoller wird. Jeder einzelne Mensch, der etwas von diesem Licht in seinen Alltag bringt, macht die Welt heller.

Drittes Gespräch

Wir hatten darüber gesprochen, dass Frauen ein Leuchten in sich tragen, das sie aktivieren und unterstützen können, und dass es besonders schwangeren Frauen sehr leicht fällt zu leuchten. Dann geht das offensichtlich meist automatisch. Muss ich denn als Frau, um das Weibliche leben zu können, einmal in meinem Leben schwanger geworden sein?

Nein. Die Fähigkeit, schwanger werden zu können, von der Natur so ausgestattet worden zu sein, ist das, was das Essentielle in der weiblichen Natur und in den weiblichen Möglichkeiten ausmacht. Ob ich das nun als Frau auslebe, indem ich schwanger werde und Kinder habe, oder es nicht auf diese Weise physisch auslebe, das macht in dem keinen Unterschied, dass ich dieses innere Leuchten jederzeit aktivieren und leben kann.

Natürlich liegt für viele Frauen eine Erfüllung darin. Aber das muss nicht sein. Es gibt Frauen, die können keine Kinder haben. Es gibt Frauen, die wollen keine Kinder haben. Das ist auch Teil des Lebens. Das hindert sie nicht daran, dieses weibliche Licht zu leben.

Trotzdem sind sie „voll Frau"?

Sie sind Frau und sie sind ausgestattet mit diesem Potential, das Göttlich-Weibliche in die Welt zu bringen, denn darum geht es, nicht um eine ganz bestimmte Lebensweise. Das Strahlen ist ein Licht, das wir wahrnehmen können, wenn wir sagen: „Eine Frau strahlt." Ein Licht, das darin liegt, dass eine Frau das Göttlich-Weibliche verkörpert oder lebt. Eine Frau kann das leben, indem sie sich gewahr ist, sich erinnert und beginnt, diese Fähigkeit in ihrer Verbindung zum Leben auszuleben.

Das ist im Alltag meist schwierig. Wie lebst Du die weibliche Spiritualität im Alltag? Wie sieht ganz konkret Dein Alltag aus?

Zunächst – was ist Alltag? Unter Alltag versteht man normalerweise einen Ablauf wie „jeden Tag das Gleiche". Das sind nicht die Tage, an denen etwas Außergewöhnliches geschieht, die sogenannten „Highlights" im Leben. Das ist eben das, was immer wiederkehrt, was oft die Assoziation des Eintönigen hervorruft. Die Farbe, die dem zugeordnet ist, ist grau. Der graue Alltag. Eintönig heißt, es ist nur ein einziger Ton da, keine Melodie. Es ist keine Musik. Es singt nicht. Und deshalb müsste ich vielleicht erst einmal sagen: Diese Form von Alltag gibt es für mich nicht, weil jeder Tag anders und neu ist.

Wenn ich morgens aufwache und aufstehe, weiß ich nicht – niemals –, was mir dieser Tag bringen wird. Ich wache mit einem Gefühl von völliger Offenheit auf. Der Tag, der vor mir liegt, ist wie ein weißes Blatt Papier.

Ich denke, es geht vielen Menschen so, dass sie morgens die Augen aufschlagen – sie kommen aus einer anderen Welt – und viel zu schnell vergessen sie, wo sie waren, aus welcher Welt sie kommen und was sie vielleicht aus der anderen Welt, in der sie nachts waren, mitbringen. Und es setzt etwas in uns ein, das mit unseren Verhaltsmustern, Wünschen, Ängsten und Gedankenformen zusammenhängt, wir denken: „Was kommt heute auf mich zu? Ich muss dieses und jenes erledigen!" usw. Und dann rattert so eine Art Maschine im Kopf ab und man ist im Grunde schon getrennt von diesem offenen, weiten Raum, der eigentlich da ist am frühen Morgen, wenn man aufwacht. Ehe man sich versieht, hat man den Raum bereits gefüllt mit seiner eigenen kleinen Welt von Vorstellungen und Illusionen. An schlechten Tagen passiert mir das natürlich auch. Wenn die Tage nicht gar so schlecht sind, dann fällt mir das ein und ich stoppe es dann.

Wie?

Mit Willenskraft. Ich sage mir selbst: „Stopp, der Tag ist noch offen. Besinne dich auf das, wo du herkommst, und versuche dich für das zu öffnen, was dir heute begegnen will."

Aber ganz häufig, wenn ich aufwache, ist der Tag schon nicht mehr offen. Zumindest zeitlich gesehen. Ich muss gleich mit dem Hund raus, Frühstück machen, mich fertig machen, mich auf den Weg begeben, und, und, und. Was meinst Du mit „offen"?

Wenn Du genau hinschaust, wirst Du sehen, selbst wenn Du jeden Tag mit dem Hund läufst und jeden Tag Frühstück machst, und das Ganze immer um dieselbe Uhrzeit, dass nie ein Tag wie der andere ist. Jeder Gang mit deinem Hund ist ein anderer. Auf jedem Spaziergang nimmst Du etwas anderes wahr. An dem einen Morgen singt vielleicht ein Vogel, den Du vorher an einem anderen Morgen nicht gehört hast. An einem Morgen siehst Du besondere Wolken, an einem anderen grüßt Dich der Nachbar nicht. Jedes Mal ist es anders. Und wenn Du ganz genau hinschaust, ist es auch jedes Mal anders, wie Du das Frühstück machst. Selbst dann, wenn Du jeden Morgen die gleichen Nahrungsmittel auf den Tisch stellst.

Das Wichtige ist auch, in welcher Haltung wir das tun, was wir tun. Da sind die Zubereitung des Frühstücks oder der Gang mit dem Hund jeden Tag sehr unterschiedlich. An dem einen Morgen haben wir vielleicht Widerstände, es ist kalt, wir haben überhaupt keine Lust und wir laufen schnell, um es hinter uns zu bringen. Am anderen Morgen ist es wie: „Oh, wie wunderbar, dass ich raus komme. Wenn ich diesen Hund nicht hätte, würde ich nicht rauskommen." Es gibt also ganz verschiedene Möglichkeiten, wie wir das tun, was wir tun.

Mit „Offenheit" meine ich in diesem Zusammenhang, dass sich die Schöpfung jeden Moment neu erschafft. Sie bleibt nicht gleich. Es ist nicht so, wie es häufig gesehen wird – in einer Woche oder mit einem Mal ist die Welt erschaffen worden und dann ist sie so geblieben. Schöpfung passiert jeden Tag neu. Das heißt, es gibt eine Art Atemrhythmus des Göttlichen oder der Schöpfung. Die göttliche Energie kommt aus der Nicht-Existenz in die Existenz wie mit einem Ausatem, und sie geht einem Einatem gleich wieder in die Nicht-Existenz zurück, und aufs Neue kommt sie wieder in die Existenz. Wir sagen auch, das Leben ist Werden und Vergehen. Es ist niemals einfach nur „Es-ist-da-und-so-bleibt-es". Das Leben ist nie starr. Das Leben ist immer in Bewegung und deshalb ist selbst der wiederkehrende Rhythmus eines Alltags niemals das Gleiche.

Der nächste Tag ist neu. Völlig neu. Und Offenheit bedeutet, dem Aufmerksamkeit zu geben, ohne dass ich – wenn ich morgens aufwache und weiß, ich habe Termine an diesem Tag – selbst sofort mit meinen Gedanken, Konzepten und Vorstellungen vorgreife. Ich muss nicht, bevor der Tag wirklich begonnen hat, schon in meinen Gedanken diese Termine vorher erledigen. Ich kann offen planen und sagen: „Mal schauen, was heute bei diesem Gespräch geschieht, was heute bei dem Spaziergang mit meinem Hund geschieht, was mir begegnet.“ Es ist jeden Tag etwas Neues da.

Aber angenommen, ich habe gleich um 9 Uhr morgens ein Geschäftsgespräch. Dann muss ich doch mit klaren Vorstellungen in dieses Gespräch gehen. Es ist auch hier wieder diese Gratwanderung – zwar offen sein, aber trotzdem klare Vorstellungen haben.

Naja, das ist relativ, wie klar die Vorstellungen sind.

Natürlich hast Du für deine Arbeit bestimmte Konzepte und bestimmte Ziele, die im weltlichen Alltag auf jeden Fall auch einen Sinn erfüllen. Selbst wenn ich in die Küche gehe und Mittagessen koche, muss ich – wenn ich in der Küche stehe – mich noch daran erinnern, dass es darum geht, dass am Ende ein Essen herauskommen muss. Das ist klar.

Und trotzdem kann ich – um auf Deinen Geschäftstermin zurückzukommen – innerhalb dieses Vorhabens, dieses Ziels, dieses Arbeitszusammenhangs eine Transparenz lassen. Wir haben so viele Vorstellungen und wir verbauen uns, in dem was wir tun, so vieles durch die Tatsache, dass wir Konzepte haben. Denn so wird es immer wieder so passieren, wie wir es kennen. Wir lassen nicht zu, dass etwas ganz Neues geschehen kann oder dass vielleicht etwas geschehen kann, das wir vorher für unmöglich gehalten haben.

Es kann zum Beispiel sein, dass ich in diese geschäftliche Besprechung mit der Vorstellung gehe, es wird so und so laufen, weil es so immer gelaufen oder weil es so beim letzten Mal gelaufen ist. Es könnte aber vielleicht ganz anders laufen, wenn ich den Raum dafür lasse.

Wenn ich also mit einer anderen Einstellung hineingehe?

Mit einer Offenheit, mit einer Empfänglichkeit. Die Empfänglichkeit ist eine weitere ganz wichtige weibliche Qualität. Empfänglichkeit hat ja auch mit Sehnsucht und Warten zu tun.

Ich könnte also mit einer Empfänglichkeit für das Leben in meinen Tag gehen. Das Leben ist voller Wunder und Überraschungen. Das Leben ist nicht planbar so, wie es in unserer westlichen Kultur derzeit gesehen wird. In den orientalischen und asiatischen Kulturen ist es noch ein bisschen anders. Aber dort passt man sich auch immer mehr den westlichen Vorstellungen an.

Wir leben mit der Vorstellung, wir könnten das Leben dirigieren, wir könnten alles vorweg nehmen, wir könnten das Leben planen, wir könnten ausschalten, was wir nicht wollen. Die Technik, die Naturwissenschaften und die Medizin gehen so mit dem Leben um. All diese Dinge, die zum Beispiel in der medizinischen Forschung passieren, die uns zum Teil auch solche Angst machen, wie die Eingriffe auf das vorgeburtliche Leben, genau bestimmen zu wollen, was am Ende dabei herauskommen muss – all das ist diese unglaubliche menschliche Hybris, die uns denken lässt, wir könnten das Leben schikanieren oder bestimmen, wie das Leben sich gestaltet.

Aber das Leben ist ein lebendiger Organismus, der sich jeden Moment neu erschafft und der viel mehr Weisheit und Intelligenz hat als ein einzelner Mensch, auch wenn dieser ein noch so gutes Forschungshirn besitzt. Genauso hat das Leben die Fähigkeit, sich selbst zu heilen, was ja beispielsweise durch Naturmedizin unterstützt wird. Das ist aber weitgehend vergessen worden. Das Leben birgt so viele Fähigkeiten und Möglichkeiten, die wir ausschalten und nicht mehr zulassen oder hereinlassen in dem Moment, in dem wir versuchen, dem Leben Konzepte aufzudrücken.

Dies auf die konkrete Frage mit dem Alltag bezogen heißt: Es geht im Grunde um eine **Haltung** dem Leben gegenüber.

Es wird ja häufig gesagt: „Alles ist Einstellungssache. Geh´ positiv ran, dann wird das schon.“ Aber das ist doch im Grunde auch schon wieder ein Konzept und keine Empfänglichkeit, oder?

Richtig. Ja.

Wie könnten wir also nochmals Empfänglichkeit definieren?

Letztendlich ist diese Empfänglich natürlich eine positive Haltung. Positiv in dem Sinne, dass ich sage, das Leben hat eine Weisheit, die größer ist als meine und auch viel größer als meine Möglichkeiten. Ein Gefäß ist empfänglich, wenn es leer ist. Ein eigenes Konzept jedoch füllt das Gefäß, bevor etwas hineingegeben werden kann. So ist es eben nicht die konkrete Herangehensweise: Ich stelle mir nun vor, dass es positiv ausgeht, und damit verbinde ich etwas Bestimmtes. Zumal meine kleine Vorstellungswelt überhaupt nicht absehen kann, was am Ende wirklich „positiv" ist. Es kann sein, dass genau das, was ich als negativ empfinde, im Ausgang eines Prozesses letzten Endes – in Anführungsstrichen – „positiv" ist, wenn man das Ganze in einer weiteren Perspektive sieht.

Es ist also wichtig, uns von diesen Konzepten „Das ist gut" oder auch „Das ist schlecht" zu trennen, und dafür eine offene, empfängliche Haltung einzunehmen.

Ja, das bedeutet einfach, das Göttliche hereinzulassen, den göttlichen Willen zuzulassen, das einzelne Projekt oder das Projekt des Tages, der vor mir liegt, durchlässig sein zu lassen, den Tag nicht mit meinen eigenen Konzepten so dicht und fest zu machen, dass gar keine Möglichkeit mehr besteht, dass ein anderes Licht hereinkommt. Das ist gleichzeitig das Sich-Erinnern an Gott, wenn ich den Tag offener lasse oder empfänglicher bin.

Was meinst Du konkret mit dem Sich-an-Gott-Erinnern? Was muss ich machen in meinem grauen Alltag, damit ich mich erinnern kann?

Erst einmal ist es ja so, dass, wenn ich – wie Du jetzt – die Frage danach stelle, dies bedeutet, dass ich irgendwann schon einmal erinnert worden bin, sonst würde ich nicht danach suchen. Das heißt, an irgendeinem Punkt ist mein Herz bereits berührt und erinnert worden – aha, da ist etwas und das kann ich nicht mehr leugnen. Und seitdem ich das weiß oder seitdem ich daran erinnert wurde, suche ich danach und versuche es zu finden. Dieses Gefühl, die Art und Weise, wie man erinnert wurde, ist bei jedem Menschen anders.

Und dann ist es gut, in dieses Gefühl zurückzugehen, da hineinzuspüren und sich das wie einen Schatz im Innern, im Herzen, zu bewahren. Es ist gut, die eigene Beziehung, die man zu Gott hat, dem Göttlichen oder der Wahrheit oder was immer das für einen selbst ist, zu empfinden oder zu fühlen und zum Gegenstand der eigenen Erinnerung zu machen. Wenn diese Berührtheit zum Beispiel ein Gefühl von Liebe war, ist es gut, sich so oft wie möglich an diese Liebe zu erinnern, das mit in die Gedanken, in die Begegnungen, in die Gefühle zu nehmen, die man am Tag hat. Das ist das Erste, das Grundlegende.

Und dann gibt es Techniken oder Möglichkeiten, die das unterstützen. Da ist zum Beispiel der Atem eine gute Möglichkeit.

Bevor wir näher auf den Atem eingehen, vorab noch die Frage: Wann merke ich in meinem grauen Alltag denn überhaupt, dass Er fehlt?

Erst einmal bin ich ja aufgrund von Erfahrungen der Meinung, dass es immer so läuft, wie es bislang immer gelaufen ist. Durch diese Haltung läuft es ja dann auch häufig so. Irgendwann merke ich jedoch, dass es mich nicht richtig zufrieden macht. Wie komme ich auf die Idee, dass das, was fehlt, also dieser Mangel, die mangelnde Spiritualität im Alltag ist?

Ich denke, entweder das begegnet mir oder es begegnet mir nicht [lacht]. Einmal kann mir diese Idee kommen, indem ich ein Buch lese oder indem mir ein ganz bestimmtes Buch aus dem Regal in die Hände fällt, oder indem mich ein Freund darauf aufmerksam macht, oder indem ich einem Lehrer oder einem spirituellen Pfad begegne. Es gibt ganz viele Möglichkeiten.

Etwas muss mich natürlich daran erinnern. Das ist dann letzten Endes Gnade. Das kann ich nicht selbst herstellen. Wenn ich mich erinnere, liegt es daran, dass Er sich an mich erinnert. Wenn ich mich sehne, kommt das daher, dass Er sich nach mir sehnt. Das ist Gnade. Wodurch mir das begegnet, in welcher Form, das ist ganz unterschiedlich. Es gibt keine Hierarchie in der

Wertigkeit der Möglichkeiten [lacht]. Das ist bei jedem Menschen anders, weil jeder Mensch einen anderen Weg hat.

Es wird mir also vom Leben gezeigt.

Ja. Natürlich. Oft entsteht auch ein bestimmtes Lebensgefühl, beispielsweise eine Unzufriedenheit oder ein Gefühl von „Das kann´s doch nicht sein, dass ich so unglücklich durch mein Leben gehe". Bei manchen Menschen ist es auch eine akute Krise oder eine Krankheit, der Verlust eines Menschen, etwas, das in das gewohnte Leben einbricht und als schwierig und krisenhaft empfunden wird.

Der Alltag, der letzten Endes das Leben bedeutet, also mein Leben, zeigt es mir. Lebe ich richtig? Ist es das, warum ich hier bin? Kann es das sein? Tatsächlich ist für viele Menschen das Leben kein Leben mehr, sondern ein Existieren. Essen, Schlafen, Arbeiten.

Und dann gibt es die sogenannten kleinen „Highlights". Man lebt zum Beispiel aufs Wochenende hin.

Ja, oder auf den Geburtstag oder auch auf´s Bungeejumping hin. Je nachdem, wo man sich die „Highlights" oder „Kicks" holt.

Aber das kann nicht die Erfüllung sein.

Nein, das ist nicht wirklich erfüllend. Ich würde natürlich sagen, weil Gott nicht durch mein Leben lebt. Denn das ist es, was Er will, warum ich hier bin. Dass Er sich durch mich auf eine eigene, ganz einzigartige Art hier in der Welt lebt.

Wenn mich dieses Auf-etwas-hin-Leben, das immer ganz schnell wieder vorbei ist und das meist auch nicht lange nachwirkt, nicht mehr befriedigt, dann ist im Grunde der Zeitpunkt für mich zu begreifen, dass es etwas anderes gibt, oder?

Ja. Womöglich. Hoffentlich [lacht]. Ich denke, das ist eine Möglichkeit. Es kann auch sein, dass jemand einfach plötzlich erinnert wird, weil Er es so will. Oder dass man eine Erfahrung macht, von der man ganz tief berührt wird. Dann wendet sich etwas. Dann entsteht das Bedürfnis, das ins Leben zu bringen. Hier ist allerdings ein etwas gefährlicher Moment, weil nicht jeder Mensch sofort denkt: „Ich muss das in meinen Alltag bringen". Unsere spirituelle Konditionierung aus den letzten Jahrtausenden ist eher, dass wir denken: Aha, ich bin zu einem spirituellen Leben berufen. Das heißt, der Alltag spielt keine Rolle mehr, er ist nicht mehr wichtig. Deswegen fliehe ich ihm ganz, weil er mich von Gott ablenkt. Ich reise in den Fernen Osten oder suche einen Meister oder ziehe in einen Ashram.

Hier besteht eben die Gefahr, dass die Highlights, von denen wir eben sprachen, die spirituellen Highlights werden.

Genau. Das gibt es ganz häufig.

Ich lebe darauf hin, dass ich am Wochenende nicht zum Bungeejumping, sondern in ein Retreat fahre. Bis dorthin muss ich nur noch durchhalten, und dann kann ich wieder frei atmen ...

Genau. Ich glaube, dass einige Menschen so leben. Das ist auf Dauer auch unbefriedigend und kommt unserer Welt nicht wirklich zugute. Natürlich verbreitet sich, wenn die Person im Retreat ist, ein bestimmtes Licht. Und dieses Licht kommt so in die Welt. Aber in diesen Zeiträumen zwischen den einzelnen Retreats bleibt das Leben eben in gewisser Weise grau. Diese Trennung bedeutet auch ein Leiden. Trennung ist immer Leiden. Da ist eben auch eine Trennung, wenn es nicht das **ganze** Leben erfüllt.

Im Grunde ist es Dir doch auch so gegangen. Deine Freundinnen sind zu Retreats gefahren und Du bist mit drei kleinen Kindern zuhause gesessen. Und dann hat Irina Tweedie zu Dir gesagt: „Der Alltag ist es, das Versorgen der Kinder, der Haushalt."

Richtig.

Wir haben gesagt: Im Alltag ist diese Empfänglichkeit wichtig, diese Offenheit, dieses immer wieder bei Null oder bei Ihm – wie auch immer man es nennen will – anfangen.

Aber dann kommen immer wieder diese Momente, sei es das Kind, das schreit, sei es der Arbeitskollege, der wieder irgendetwas will und es passt überhaupt nicht, und es wird ganz eng. Du sagtest vorhin, es gibt die Möglichkeit, dass mich der Atem durch den Alltag, das Leben, trägt. Wie mache ich das?

Zuerst einmal: Atmen kann jeder. Tut auch jeder [lacht]. Und das ist das Wunderbare daran, weil es etwas ist, das uns immer zur Verfügung steht und das wesentlich zu unserem Leben gehört.

Der Atem ist nicht nur das, was wir vordergründig darunter verstehen – dass wir eben Luft einatmen und Luft ausatmen in verschiedener chemischer Zusammensetzung – also diese physiologische Aufrechterhaltung des Lebens in uns durch die Versorgung mit Sauerstoff. Dies nenne ich mal den äußeren Atem. Vielmehr gibt es etwas dahinter, einen bestimmten Magnetismus, der verbunden ist mit unserem äußeren Atem. Eine Art inneren Atem, der diesen äußeren Atem trägt.

Dieser innere Atem ist im Grunde der Magnetismus, der zwischen unserer Seele und unserem Körper besteht. Das heißt, dieser innere Atem hält die Seele in unserem Körper und umgekehrt. Das können wir auch daran erkennen, dass ein Mensch mit einem ersten Atemzug in die Welt kommt, und wenn ein Mensch aus der Welt geht, dass er einen letzten Atemzug tut. Der, der auf die Welt kommt, atmet aus. Meistens schreien die neugeborenen Babys – in einem kräftigen Ausatmen. Man wartet immer auf diesen ersten Schrei. Das ist der Ausatem: „Hier bin ich. Ich bringe die Energie von woanders jetzt hier in die Welt." Und wenn ein Mensch aus dem Leben geht, endet dieses Leben mit einem Einatem, mit einem Rückzug nach innen. Das heißt, die Seele zieht sich aus dem Körper zurück, geht wieder dahin, wo sie hingehört, und lässt den Körper hier.

Atmen wir im Moment unseres Todes nicht aus?

Nein. Sterbende atmen nicht mehr in die Welt aus, in dem Moment, in dem sie gehen. Der Einatem geht zu Gott, der Ausatem in die Welt.

Aber die angesammelte Luft in der Lunge muss ja letztendlich noch irgendwann entweichen. Heißt das, sie entweicht nach dem Akt des Sterbens?

Ja, in gewisser Weise ja. Die Seele zieht sich mit dem Einatem zurück in die innere Welt, sie wird aus dem Körper gezogen. Die eingeatmete Luft entweicht anschließend, aber das ist kein aktives Ausatmen mehr. Der innere Magnetismus des Atems erlischt mit dem Einatem. Das darauf folgende Entweichen der Luft ist ein rein physikalischer Vorgang, die Seele ist hier nicht mehr beteiligt.

Mit dem ersten Atemzug kommt die Seele ganz in diesen Körper. Mit dem letzten verlässt sie ihn. In der Zeit dazwischen atmen wir. Atmen ein und aus, ein und aus, und halten in diesem Rhythmus und in dieser Schwingung immer die Verbindung. Das ist im Grunde eine Verbindung, damit die Seele uns nicht wegflutscht [lacht] aus dem Körper, damit der Körper nicht seelenlos wird und uns der Körper nicht wegflutscht. Also, wir atmen ein und gehen zu Gott und wir atmen aus und bringen das, was wir von dort mitbringen, wieder in diese Welt. Wenn man sich dessen erinnert und in diesem Bewusstsein ein- und ausatmet, beginnt man das zu spüren.

Es gibt am Ende vom Einatem eine ganz kleine Pause. Wenn man sich in diesen Moment hineinfühlt, spürt man diese unglaubliche Glückseligkeit, die man empfindet, an diesem Ort zu sein, wo die Seele hingehört, in dieser Heimat zu sein. Man kann es in dieser kleinen Pause spüren. Ganz leicht. Das wiederum schafft in uns ein gewisses Gewahrsein dessen, was uns mit dem Atem begleiten kann.

Wir atmen meistens automatisch und unbewusst. Wir atmen sehr viel unbewusst. Viele spirituelle Traditionen arbeiten deshalb mit dem Atem, weil der Atem diese Bindung schafft. Und wir machen uns dies bewusst, wenn wir dem Atem Aufmerksamkeit geben. Wir müssen nicht auf eine ganz besondere

Weise atmen oder besondere Atemtechniken beherrschen, um den Atem im Alltag zu nutzen. Wenn wir einfach nur bewusst atmen, können wir diese Verbindung spüren. Das heißt, alles, was wir tun im Alltag, wird immer von unserem Atem begleitet, weil wir nicht aufhören können zu atmen. Und wir können es begleiten, indem wir bewusster atmen, bewusster in der Erinnerung dessen, dass wir immer wieder diese Brücke bauen mit dem Einatem und dem Ausatem.

Wenn wir das bewusste Atmen direkt mit der Erinnerung an Gott verbinden, ist es sehr machtvoll. Dies kann unterstützt werden durch ein Mantra, das innerlich oder äußerlich gesprochen oder gesungen mit dem Atem verbunden wird. Einige spirituelle und mystische Traditionen nutzen heilige Silben und Lautverbindungen mit dem Atem. Auf dem Weg, dem ich folge, atmen wir das Mantra innerlich und schweigend.

Das Mantra ist wie ein Name Gottes. Wir atmen in Seinem Namen. Und jeder bewusste Atem, der gleichzeitig Gott erinnert, bringt das Göttliche mehr in diese Welt. In alles, was hier in dieser Welt ist. Also nicht nur in die Dinge, die wir wunderbar finden, sondern auch gerade in die, die schwierig für uns sind.

Kannst Du uns Dein Mantra verraten?

Dieses Mantra ist für Menschen auf diesem Weg. Es weiter zu geben, macht keinen Sinn, wenn man nicht diesem Weg folgt. Mantras – im Sufismus sagt man Dhikr –, die in einer bestimmten Tradition den Schülern gegeben werden, sind magnetisiert durch die Kraft der vorangegangenen Meister und Lehrer. Sie tragen die Liebe des Pfades und haben eine transformierende Wirkung, wenn man diesem Pfad folgt.

Doch, um sich mit dem Atem an Gott zu erinnern, kann jeder selbst ein Mantra entwickeln. Meine Lehrerin hat mal jemandem gesagt: „Du kannst Deinen eigenen Namen nehmen, weil Dein eigener Name auch ein Name Gottes ist."

Ich kann also jede Silbe, jede Lautverbindung nehmen?

Bei der ich das Gefühl habe, dass sie mich an Gott erinnert, ja.

Und dass sie mir guttut, oder?

Warum?

Anfangs geht es doch meist darum, dass der Weg „gut tun" soll, dass er konkret das Befinden verbessern soll. Der Punkt, von dem aus die Sehnsucht ihren Lauf nimmt, ist doch in der Regel ein Unwohlsein, ein Nicht-gut-Fühlen. Der „graue Alltag" erdrückt mich. Ich vermute meist erst irgendeinen anderen Mangel, zum Beispiel an Vitaminen, Licht oder auch zwischenmenschlicher Zuwendung.

Dass der Mangel möglicherweise eine tiefe, spirituelle Sehnsucht, ein Mangel an Gott ist, da muss ich erst einmal drauf kommen.

Das hat etwas damit zu tun, dass Gott insgesamt in unserer Welt vergessen ist. Wenn das wieder mehr in unsere Welt kommt, so wie die Welt es ersehnt, dann ist es mehr gegenwärtig. Es ist dann in der Luft. Im Moment ist es nicht so. Deshalb ist es für viele Menschen schwierig, den Zugang dazu zu finden. Aber jeder Mensch mehr, der das entdeckt hat und versucht, für sich zu leben – es geht nicht darum, dass man das perfekt lebt oder richtig macht, sondern einfach nur um die Haltung – trägt mit dazu bei, dass es mehr gegenwärtig, in der Luft, für mehr Menschen greifbar ist, dass es in der Atmosphäre unserer Erde vorhanden ist.

Unser Ausgangspunkt war ja eine schwierige, enge Alltagssituation. Über den Atem kann ich diese also auflösen?

Ob ich damit etwas auflösen kann oder nicht, das bleibt erst einmal dahingestellt. Es geht zuerst darum, dass ich den Raum weite. Immer wenn etwas schwierig wird, bei Druck, entsteht eine gewisse Enge, ein Zusammenziehen. Wir selber ziehen uns zusammen und nach innen. Die ganze Situation zieht sich zusammen. Wenn es um ein Gegenüber geht, zieht sich auch das zusammen. Das bewusste Atmen in der Erinnerung an Gott weitet die Situation wieder.

Das ist wie – [lacht] – jetzt fällt mir gerade dieses Beispiel ein – wie wenn man bei engen Bronchien ein Mittel gibt, das alles weitet und dann wieder Luft hindurch kommt.

Es entsteht also erst einmal wieder Raum. Und wenn dieser Raum wieder entsteht, kann Licht hereinkommen. Wie sich das dann in dem Moment auswirkt, ist letzten Endes Gottes Wille oder der Wille des Lebens. Ob sich die Situation zu meinem „vermeintlich" Besten auswirkt, ist nicht gesagt. Es ist kein Zaubern für mich selbst, alles richtig zu machen.

Das ist nämlich der nächste Haken bei der Geschichte, dass man das dann gerne für sich selber nutzen will. Doch wenn man den Atem so für sich selbst nutzen will, spaltet man wieder etwas und lässt wieder nicht die Ganzheit des Lebens zu. Wenn ich es nur für mich selbst nutzen will, ist es womöglich jemand anderem zum Schaden. Dann ist wieder eine Trennung da. Nur eine höhere Weisheit weiß, wie die Situation am besten ausgehen sollte, damit es dem **Ganzen** nutzt.

Aber ich selber gewinne natürlich eine größere Leichtigkeit damit. Wenn ich diesen Raum zulasse und gebe, werde ich beweglicher darin, auch andere Lösungen innerlich zulassen oder annehmen zu können.

Meinst Du dieses „große Loslassen"? Also zwar etwas wollen, es aber trotzdem letztendlich loslassen und wissen und fühlen, dass es so, wie es kommt, richtig ist.

Etwas wollen? Am besten gar nichts wollen [lacht].

Aber ich muss für meinen Alltag ja einen gewissen Plan haben. Ich muss ja schon wollen, dass ich rechtzeitig zu diesem Geschäftstermin komme, sonst komme ich sicher zu spät.

Ja, das ist diese männliche Qualität, von der wir gesprochen haben, damit die Dinge eine Form bekommen. Klar. Auf der Ebene, ja. Wenn ich einen bestimmten Beruf habe, muss ich für diesen Beruf gewisse Dinge auf den Weg bringen und meinen Beitrag dazu leisten, dass sie vollendet werden. Natürlich muss ich dann dementsprechend dieses Ziel verfolgen. Aber wenn wir die ganze göttliche Realität reinlassen, muss es nicht, kann aber sein, dass mir vom Leben gezeigt wird, dass es um etwas anderes geht. Oder, dass das Projekt ein Flop wird...

Das wäre aber dann doch das große Loslassen [lacht].

Dann geht´s um´s Loslassen, ja. Anschließend [lacht]. Vorher darf ich natürlich das Ziel verfolgen, aber – wenn wir davon sprechen, dass es darum gehen soll, dass das Göttliche in den Alltag kommt – immer in einer gewissen Offenheit, einer Transparenz, dass ich dem Göttlichen Raum lasse. Das hat auch den Nebeneffekt, dass ich mich selbst darin besser fühle. Es ist viel entspannter, wenn ich mit einer Haltung reingehe, ich gebe mein Bestes und wenn es gelingt, gelingt es. Wenn es nicht gelingt, gelingt es nicht.

Aber ich muss eben auch mein Bestes geben.

Ja, das ist schon gut. Das ist hilfreich und sinnvoll [lacht]. Darum sind wir auch hier, unser Bestes zu geben, in dem was wir tun. Das kann was ganz Unterschiedliches sein. Ich kann mein Bestes geben, indem ich meine Wohnung putze. Genauso wie wenn ich einen Verlag aufbaue.

Und gleichzeitig putze [lacht].

Oder jeden Tag ins Büro gehe.

Es geht also um meine Offenheit, den Moment zu leben, dass es eben nicht der graue Tag vom Vortag ist, der meinen jetzigen Tag bestimmt, sondern dass es immer der jeweilige Moment ist. Um diese Empfänglichkeit im Moment zu haben, zu leben, ist der Atem ganz wichtig.

Kann ich das üben oder wie gehe ich da ran?

Einfach machen [lacht].

Muss ich nichts außer ein- und ausatmen?

Einfach bewusst meinen Atem innerlich begleiten. Nicht den Atem forcieren, besonders lange ausatmen oder besonders lange einatmen, sondern nur mit meinem Bewusstsein den Atem begleiten. Es ist natürlich gut, wenn man erst einmal nicht in den schwierigsten Situationen damit anfängt, sondern in Situationen, in denen man ein bisschen Ruhe hat. Zum Beispiel, wenn man das Gemüse für ein Essen, das man kocht, schneidet. Das ist für mich immer eine wunderbare Situation, ganz bewusst innerlich mit Gott verbunden zu sein. Wenn ich mittags in meiner Küche stehe und das Gemüse schneide für die nächste Mahlzeit, das ist eine ganz besondere Zeit.

Bei einer solchen Tätigkeit kann man es gut üben, weil das eine einfache, aber wunderbare Tätigkeit ist, die auch einen Nutzen hat. Man weiß, wofür man es tut. Man ist direkt in Kontakt mit der Natur, mit den Früchten dieser Erde. Und es ist nicht etwas, was uns zu sehr unter Druck setzt oder unsere Konzentrationsfähigkeit übermäßig beansprucht oder uns in eine Situation bringt, in der wir viele Dinge auf einmal erledigen müssen oder in Konflikte geraten.

In solchen „normalen“ Situationen damit anzufangen, ist vielleicht ganz hilfreich. Sich in solch einem Moment daran zu erinnern: Aha, wenn ich das jetzt mit der Bewusstheit des Atems tue, dann lebe ich nicht nur Spiritualität im Alltag, sondern dann bringe ich den Atem Gottes in das Essen, das ich zubereite. Es geht direkt hinein. Es ist eine Substanz, ein Licht. Etwas, das direkt Eingang findet in dieses Essen. Und es wird immer bestätigt. Die Menschen, mit denen Du anschließend das Essen zu Dir nimmst, die werden Dir sagen: „Es schmeckt wunderbar“.

Das setzt natürlich voraus, dass ich eine gewisse Zeit zur Verfügung habe, um dieses Essen vorzubereiten. Ganz viele Frauen und auch Männer sind aber in der Situation, dass sie ganz wenig Zeit haben, dass der Alltag insgesamt zeitmäßig eng ist.

Gut, aber bewusst atmen kann ich auch in fünf Minuten, genauso wie in 20 Minuten. Selbst wenn ich wenig Zeit habe, habe ich die Möglichkeit. Es ist sowieso nicht so gut, wenn ich Karotten schneide, während ich gleichzeitig E-Mails beantworte. Das ist nicht sinnvoll.

Aber das mit der Zeit ist ein großes Problem in unserer Zeit, weil wir einer unglaublich merkwürdigen Illusion aufsitzen. Wir jagen der Zeit hinterher und haben eine Vorstellung von ihr, die nicht real ist.

Was ist unsere Vorstellung?

Die Menschen unserer Zeit glauben, dass man aus allem alles herausholen muss. In dieser Haltung von Konsum, Gier und Materialismus hat man auch die Zeit zu etwas gemacht, das man ausbeuten muss, bis ins letzte, wie eine Zitrone, die man ausquetscht, bis nichts mehr herauskommt. Die Ressourcen der Erde werden ausgequetscht bis zum Letzten, ohne darüber nachzudenken, dass das Leben auch etwas mit Erneuerung zu tun hat und die Dinge sich erneuern müssen. Das Ganze will ein Ganzes bleiben. Wir haben auch das Gefühl dafür verloren, dass genug da ist. Einheit bedeutet, es ist für alle und für alles gesorgt, es ist genug da. Wir leben alle in dieser unglaublichen Angst, etwas zu verpassen oder zu versäumen, nicht genug zu bekommen.

Diese Gier erstreckt sich auf alles, eben auch auf Zeit. Man glaubt, man könne Zeit dehnen und man könne noch mehr herausholen. Alles ist knapp. Die Vergnügungen sind zu knapp, man muss sich mehr verschaffen. Die Ressourcen sind zu knapp, man muss sich mehr verschaffen. Und die Zeit ist zu knapp und man braucht mehr davon. Immer diese Illusion, es ist zu wenig da. In den Folgen dieser Illusion hetzen wir allem hinterher und erschaffen dann natürlich die Situation, dass alles eng wird. Das ist geschaffen. Diese Zeitnot haben wir selbst kreiert.

Aber wenn wir als Beispiel die alleinerziehende Frau mit drei Kindern nehmen, die für ihren Lebensunterhalt selbst sorgen muss, weil sie keinen Unterhalt von ihrem Mann bekommt.

Natürlich. Ihre Zeit ist absolut ausgefüllt. Das stimmt. Ganz sicher absolut ausgefüllt, vor allen Dingen, wenn die Kinder klein sind, wenn sie so sehr viel Zeit für sich beanspruchen. Aber die Tatsache, dass Zeit ausgefüllt ist, ist etwas ganz anderes, als dass Zeit knapp ist. Wir verbringen ganz viel Zeit mit der Sorge, wir hätten zu wenig Zeit. Genau die Zeit steht uns dann nicht zu Verfügung, um sie mit Entspannung zu füllen.

Natürlich ist das Leben mit kleinen Kindern und erst recht, wenn man allein dafür verantwortlich ist, unglaublich fordernd. In diesen Zeiten ist Entspannung ein rares Gut. Und für diese Zeiten gelten auch Ausnahmeregeln. Aber selbst eine alleinerziehende Mutter oder gerade sie kann es brauchen, dass sie Momente findet, in denen sie die Dinge, die sie tut, mit dem bewussten Atem tut. Denn dann entsteht Raum. Und das ist genau das, was ihr fehlt. Dieser Raum entsteht innerlich. Letzten Endes ist es eine innere Frage, wie ich das empfinde.

Anderes Beispiel: Eine Frau, die in einer Zeitungsredaktion arbeitet. Der Artikel muss abends fertig sein und gesetzt werden. Die Zeit wird immer knapper, immer knapper. Das ist ja schon Zeit, die knapp ist.

Ja, weil ein bestimmter Druck dahinter steht.

Und so gibt es die unterschiedlichsten Drucksituationen. Wenn ich Dich richtig verstanden habe, sagst Du, die Zeit ist einfach die Zeit und durch mein Verständnis, dass sie knapp ist, wird es eng.

Die Zeit ist noch nicht einmal die Zeit, weil die Zeit auch nicht existiert [lacht]. Aber gut, wir leben in diesem Raster. Je mehr wir aber das Göttliche in diese Dimension von Zeit und Raum, in diese physische Welt hereinlassen, umso relativer wird diese Welt. Die Sache ist ja die, dass wir Dinge, die relativ sind, als absolut erachten. Absolut ist Gott. Alle Dinge in dieser Welt sind relativ. Wir verkehren das. In dem Moment, in dem wir Gott vergessen, machen wir die Dinge dieser Welt zu etwas Absolutem. Und dann wird es starr und eng.

Je mehr ich das göttliche Bewusstsein zulasse und hereinlasse in meinen Alltag, diesen engen und gepressten Alltag, umso mehr wird die Zeit relativ. Ich werde dann ganz neue Erfahrungen machen. Das klingt jetzt natürlich nach ins Blaue hinein – ich kann gut reden, ich sitze nicht in dieser Redaktion [lacht] – aber ich habe in meinem Leben auch Erfahrungen von Zeitdruck. Und ich habe die Erfahrung gemacht, je mehr ich jenen inneren Raum zuließ, desto eher fügten sich die Dinge. Es passiert dann plötzlich irgendetwas, das ich selber nicht voraussehen konnte, und es erledigt sich. Und vielleicht erledigt es sich nicht, und hätte sich auch ohne das nicht erledigt, dann ist es eben so. Aber grundsätzlich können wir dann die Erfahrung machen, dass das, was wir unter der Zeit verstehen, viel relativer ist. Dann entsteht auch nicht mehr diese Angst: Oh Gott, ich habe immer zu wenig davon, ich brauche mehr davon.

Das ist sehr schmerzlich anzusehen. Menschen hetzen an sich selbst vorbei, in diesem Gerenne hinter der Zeit her. An sich selbst und am Leben vorbei.

Was hilft mir, wenn ich merke, Zeit wird knapp oder wenn ich es so empfinde, dass Druck da ist. Was kann ich dann machen?

Atmen [lacht].

Weil ich ja sowieso atme …

Ja, bewusst atmen. Mich an den Atem erinnern. Natürlich kommt man genau darauf nicht, wenn man in einer zeitlich knapp empfundenen Situation ist. Aber manchmal ist es auch eine Möglichkeit, fünf Minuten ganz aus der Situation herauszugehen und zu versuchen, still zu werden und das zu tun, was wir besprochen haben in Zusammenhang mit Meditation, nämlich dass ich versuche, meine Gedanken für einen Moment still werden zu lassen, weil ich dadurch einen ganz anderen Raum in die Situation herhole. Für ein paar Minuten still werden. Das ist natürlich schwierig, wenn man in dieser Situation ist. Aber man könnte es versuchen [lacht]. Und dann aus der Stille heraus wieder an die Arbeit gehen und man wird merken, es wird anders getragen.

Das Problem ist ja auch oft, dass wir glauben, die Dinge hängen alle von uns ab. Wir sind die Bewirker. Das kann den Effekt haben, dass wir uns ganz großartig fühlen und unser Ego aufgeblasen wird, wenn was gut läuft. Ich bin der Bewirker, ich habe dieses tolle Werk vollbracht. Es kann aber auch so aussehen, dass es mich unglaublich unter Druck setzt, weil ich tatsächlich der Illusion aufsitze, es hängt **alles** von mir ab und ich bin diejenige, die das fertigzubringen hat.

Das stimmt eben nicht. Wenn ich still werde, kommt dieses Wissen wieder herein und ich erkenne, es hängt gar nicht von mir ab, sondern von so vielen Dingen. Letzten Endes hängt es von Ihm ab. Es fällt kein Blatt vom Baum, ohne dass Er es will. Das entlastet dann die Situation. Dann ist es möglich, dass – wenn dieses Projekt fertig werden soll – etwas passiert, dass es fertig wird. Denn dann ist die Zeit dafür da. Die Dinge stimmen, ohne dass ich mich ständig einmischen muss.

Was Frauen ja tendenziell gerne machen [lacht] – sich einmischen. Sie übernehmen auch gerne grundsätzlich die Verantwortung. Wobei ich doch auch Verantwortung übernehmen muss.

Ja, das ist schon gut, wenn ich das tue [lacht].

Eine Verantwortung für mich selbst sowieso. Aber letztlich in gewissen Situationen ja auch für das, was mich umgibt. Sei es ein Geschäft, Hund, Kind, Freund, Mann oder auch eine Freundin. Wie kann ich auch hier wieder unterscheiden – ich muss zwar Verantwortung übernehmen, will sie auch übernehmen, andererseits bin ich aber nicht die Bewirkerin?

Es gibt für mich ein Begriffs-Paar, das immer gemeinsam auftaucht im Zusammenhang mit Verantwortung. Wenn ich in dem einen Ohr Verantwortung höre, höre ich im anderen Ohr immer Freiheit.

Für mich ist Verantwortung ganz eng mit Freiheit verknüpft. Die Situation, dass ich mich überall einmischen will, ist ein Zustand von Unfreiheit. Wenn ich frei bin, muss ich die Dinge nicht ständig korrigieren und beeinflussen. Aber wenn ich an einem Punkt bin, an dem mich jemand zwingt oder ich mich von jemandem gezwungen fühle, mich auf eine bestimmte Art und Weise zu verhalten, oder ich mich selber zwinge oder meine eigenen Vorstellungen oder

Begehrlichkeiten mich zwingen, ein bestimmtes Verhalten zu verfolgen, dann ist das Unfreiheit.

Die Freiheit, die Verantwortung in einem guten Sinne, ist eher mit etwas Schöpferischem verbunden, in dem Moment, in dem ich in dieser Welt bin und erwachsen werde. Als Kind bin ich auch schon schöpferisch tätig. Aber die Verantwortung kommt hinzu, wenn ich erwachsen werde.

Verantwortlich zu sein für die Kinder oder den Hund oder das Geschäft oder meinen Dienst an dem, was mich umgibt, mein Umfeld, das hat im weitesten Sinne etwas mit Kreativität zu tun, weil es ein schöpferisches Mitwirken in einem Lebenszusammenhang bedeutet. Es bedeutet, ich übernehme die Aufgaben, die ich in diesem Lebenszusammenhang erfüllen kann. Ich übernehme nicht die, die mir nicht zustehen oder die ich nicht erfüllen kann. Das ist ja dann auch oft ein Problem, dass Frauen sich gerne für alles Mögliche verantwortlich fühlen. Sie leiden zwar unter der Belastung und den vielen Aufgaben, aber sie ziehen diese regelrecht an sich.

Quasi das Dienen-bis-zur-Selbstaufgabe – oder manchmal vielleicht gar nicht Dienen, sondern einfach Machen-bis-zur-Selbstaufgabe.

Aber wie kann ich merken, was diese schöpferische Verantwortung und was das Enge-Klammern-und-alles-unter-Kontrolle-Haben-Wollen ist?

Da wird wieder die Unterscheidungsfähigkeit gebraucht. Ich kann mich ganz einfach fragen: „Habe ich etwas davon? Was will ich davon?"

Wobei natürlich diese Fragen, zum Beispiel als Mutter eines heranwachsenden Jugendlichen, nicht leicht zu beantworten sind. Er kämpft darum, sich von seiner Mutter zu befreien. Sie ist der Meinung, er ist noch nicht reif dafür.

Jugendliche, pubertierende Kinder als Eltern zu begleiten, ist so ziemlich das Schwierigste, was es gibt [lacht]. Es verlangt den Eltern unglaublich viel ab. Gerade Müttern. Und ich denke, Müttern von Söhnen nochmals besonders. Man muss die Söhne anders gehen lassen als die Töchter. Auf eine andere Art. Ich kann, ich darf mit meinen Töchtern eine Art von Verbindung halten, von der ich weiß, die hindert sie nicht. Sie können aus dieser Verbindung heraus trotzdem ihren Weg finden, erwachsen werden und ihre Freunde und Partner finden. Unsere Söhne müssen wir nochmals anders loslassen, damit sie keine Muttersöhnchen werden [lacht], damit sie erwachsen und unabhängig werden können, auch in ihren Beziehungen. Das ist eine ganz schwierige Aufgabe. Ich denke, das Wichtige ist, dass man sich in diesem Prozess immer wieder hinterfragt, dass man dem Unbewussten nicht freien Lauf lässt, dass man eben nicht unbewusst agiert.

Wir sind natürlich einfallsreich. Wir können immer wunderbare rationale Argumente für unsere unbewussten Begehrlichkeiten finden. Also, eigentlich wollen wir das Kind festhalten und sagen: „Ja, er ist noch nicht reif genug". Natürlich kann es aber auch tatsächlich so sein. An gewissen Punkten müssen wir Grenzen setzen. Ich finde das auch sehr schwierig. Je eigener die Kinder sind, je mehr sie an Eigenheiten und eigener Stärke mitbringen, desto schwieriger ist es. Sie stellen uns vor große Herausforderungen. Aber man kann das ja üben und man kann auch mal einen Fehler machen. Dann macht man es beim nächsten Mal anders. Indem man Fehler macht, lernt man es zu unterscheiden.

Wichtig ist also, dass ich beobachte, was ich mache und was die Auswirkungen davon sind? Dass ich mich kontrolliere?

Nein, nicht kontrolliere. Kontrollieren ist zu viel Eingreifen. Beobachten und möglichst wenig werten. Wenn ich etwas bei mir beobachte, was mir nicht so gut gefällt, ist es wichtig, dass ich nicht mich selbst verurteile: „Das war jetzt schlecht". Das bewirkt bekanntermaßen nur das Gegenteil. Dann macht man es beim nächsten Mal genauso oder noch schlimmer [lacht]. Das gibt dem Energie.

Liebe zu sich selbst ist wichtig. Und Nachsicht. Und Geduld. Etwas Humor mit reinbringen. Das könnten wir im Übrigen über jedes einzelne Thema setzen. Man darf es alles nicht zu ernst nehmen. Vor allen Dingen ist wichtig, dass wir mit uns selbst humorvoll sind, gerade in diesen schwierigen Zusammenhängen und wenn es darum geht, uns selber zu erforschen, kennenzulernen oder zu beobachten. Man kann dann auch mal sagen: „Also komm, da bist Du mal wieder ein bisschen über´s Ziel hinausgeschossen.“ Man kann dann aber mit einem Lächeln oder vielleicht sogar mit einem Lachen weitergehen und es dann beim nächsten Mal anders versuchen, weil man sich ja jetzt kennt. Man sollte sich selber nicht so ernst und wichtig nehmen.

Andererseits schon auch wichtig nehmen. Viele Frauen haben ja das Problem, dass sie sich auf einer gewissen Ebene nicht ernst, nicht wichtig nehmen. Ich muss mich doch schon so weit wichtig nehmen, dass ich für mich sorge.

Ja, das ist ein anderes Wichtig-Nehmen. Frauen, die in einem gewissen Leiden mit sich selbst sind, weil sie nicht diese Würde für sich selbst haben, die nehmen sich ja auf eine andere Art sehr wichtig: In dem, was sie alles vermissen und was ihnen fehlt, wie vielleicht minderwertig sie sich fühlen. Das ist auf eine gewisse Art auch ein Sich-selbst-wichtig-Nehmen.

Eine Verantwortung sich selbst gegenüber zu haben, wieder wahrnehmen zu können, was mir zum Beispiel die Signale meines Körpers, meine Gefühle oder meine Intuition sagen, dafür zu sorgen, dass ich auf eine gewisse Art und Weise lebe, damit ich hier sein kann, das sind Dinge, die sind wichtig. Und wenn ich diese Dinge beachte, nehme ich mich selbst wichtig. Aber das ist nicht eine Art von wichtig nehmen, im Sinne von: Ich bin der Nabel der Welt. Und alles dreht sich oder dreht sich eben **nicht** um mich. Der Humor kommt rein, wenn ich aufhöre, der Nabel der Welt sein zu wollen [lacht]. Weil ich dann relativ werde. Die Dinge werden relativ.

Es gibt Frauen, die sich für die Familie aufopfern, die sich von einer Beziehung, in der sie nicht glücklich sind und aller Voraussicht nach auch nicht glücklich werden, nicht trennen, wegen der Kinder.

Wie kann man in solchen Situationen zu der Freiheit finden zu sagen, ich mache jetzt das, was stimmig ist?

Das ist natürlich schwierig, weil jede Situation, jedes Leben, jede Seele anders ist.

Aber diese Frauen sind nicht glücklich mit der Situation. Sie werden häufig krank und halten trotzdem an dieser Lebenssituation, die offensichtlich krank macht und in der sie offensichtlich nicht leben können, fest.

Manchmal geht es darum, innerlich etwas zu verändern und äußerlich nicht. Manchmal geht es darum, tatsächlich krank zu sein. Und manchmal geht es darum, die äußere Situation tatsächlich zu verändern. Man kann nicht pauschal sagen, dieses oder jenes ist richtig. Das herauszufinden, ist erst einmal der wichtigste Punkt, also herauszufinden, womit kann ich eins werden.

Es gibt Situationen, da muss die äußere Lebenssituation verändert werden, weil es so einfach nicht geht. Die betreffende Person könnte weiter darin existieren, aber sie würde eben nur existieren, und wahrscheinlich wären am Ende alle krank, die an diesem Komplex beteiligt sind. Da würde es natürlich darum gehen, dass jemand in dieser Situation Unterstützung – zum Beispiel eine Therapie oder irgendeine Begleitung – bekommt, um für sich selbst herauszufinden, in welche Richtung es weitergehen kann. Ist es wichtig, die äußeren Lebensumstände zu ändern, sich beispielsweise von diesem Mann zu trennen? Oder ist es wichtig, innerlich etwas zu verändern, aber in der Lebenssituation zu bleiben, weil dort Veränderungspotenzial wartet, weil dort etwas darauf wartet, sich miteinander zu entwickeln und sich zu verändern? Für diese Entscheidung braucht man meistens Hilfe. Das alleine herauszufinden ist schwierig, wenn man nicht bestimmte Möglichkeiten zur Verfügung hat, die man alleine leben kann.

Wenn man bereits auf innere Wege aufmerksam geworden ist, gibt es viele Hilfen. Zum Beispiel kann ich auf meine Träume achten und schauen, was mir meine Träume sagen. Die Träume sind eine Weisheit aus der inneren Welt. Dies ist übrigens auch ein Weg, das Spirituelle in den Alltag zu lassen, indem man auf die Träume achtet und schaut, dass man sich von ihnen mehr führen lässt. In solchen Situationen können Träume sehr viel sagen. Aber wenn man jemanden hat, der einen begleitet, kann man das auch zusammen herausfinden.

Also zum Beispiel eine Freundin?

Ja. Oder einen Therapeuten oder jemanden, der auf einer professionellen Ebene Hilfe geben kann. Je nach Situation.

Eine Freundin ist manchmal schwierig, weil Frauen untereinander es manchmal nicht ganz leicht haben, eine gewisse Distanz einzuhalten und dann aus einer Perspektive darauf zu schauen, die – ich sage mal – „objektiver" ist. Sie verbünden sich innerlich mit der Freundin und spiegeln deren emotionale Inhalte. Und das hilft der Freundin wenig [lacht]. Die eigenen ungaren, verworrenen emotionalen Inhalte werden dann aus einer scheinbar objektiven Distanz heraus nochmals verstärkt. Das habe ich schon häufig gesehen. Das hilft nicht. Man möchte unbedingt helfen, aber man schadet dem Ganzen eher, als dass man nutzt.

Es gibt allerdings ja auch Freundschaften, in denen eine Frau ihrer Freundin sagen kann: „Stopp, da machst Du Blödsinn. Das kann ich nicht unterstützen. Da kann ich Dir auch nicht gut zureden. Ich kann Dich da auch nicht trösten, selbst wenn Du weinst. Ich finde es einfach nicht gut." Das ist unter Frauen, unter Freundinnen manchmal schwierig [lacht]. Aber wenn man solch eine Freundin hat, die dazu fähig ist, dann ist das ein großes Geschenk.

Das heißt, in schwierigen Lebenssituationen – eben zum Beispiel einer schwierigen Partnerschaft oder einer schwierigen Bindung an einen Arbeitgeber – sollte ich beobachten, wie gut diese Verbindung zwar natürlich allen tut, aber auch wie gut sie mir tut. Ich sollte mich selbst nicht vergessen.

Mich selbst zu vergessen, macht keinen Sinn, in dem Sinne, dass ich mich einem anderen Menschen unterwerfe. Auch wenn wir vom Dienen sprechen oder der Hingabe, geht es ja nicht darum, Fußmatte für einen anderen Menschen zu werden. Es geht immer um die Haltung Gott gegenüber. Und das ist eine wichtige Unterscheidung.

Es ist schon wichtig, eine gewisse Würde sich selbst gegenüber zu erhalten. Und in dieser Situation dann zu hinterfragen, ob es in Übereinstimmung mit meiner Seele ist. Denn was Du vorhin mit den Krankheiten beschrieben hast, trifft ja oft zu in Momenten, in denen die Seele nicht mehr genährt ist. Es gibt einen Unterschied zwischen dem, wie das physische Dasein und wie die Seele genährt wird. Man kann das ja beobachten: Es gibt Menschen, die in Armut und aus unserer Sicht großem Unglück leben und die glücklich sind, weil die Seele genährt wird, auch wenn der Körper weniger gut genährt wird. Das ist das Entscheidende. Und deshalb ist es natürlich auch gut, die Träume zu beobachten, sie vielleicht aufzuschreiben und zu schauen, ob aus den Träumen Botschaften kommen, die mir sagen, was von meiner Seele kommt.

Wie kann ich meine Träume so nutzen, dass ich über sie vielleicht wieder mehr verstehe? Wie können Träume die Spiritualität in meinen Alltag bringen?

Erst einmal auf einer ganz praktischen, äußeren Ebene. Wenn ich mich damit befassen möchte, ist es gut, wenn ich einfach anfange, ihnen Aufmerksamkeit zu schenken. Denn mit den Träumen ist es genauso wie mit allem anderen: Sie blühen auf, wenn sie Aufmerksamkeit bekommen. Genauso wie ein Kind aufblüht, wenn es Aufmerksamkeit bekommt, oder eine Pflanze im Garten, so blühen die Träume auf, wenn sie Aufmerksamkeit bekommen.

Das ist der Anfang – ihnen eine gewisse Bedeutung, eine gewisse Wertschätzung, einen gewissen Respekt zu geben und davon auszugehen, dass die Träume Botschafter aus einer anderen Welt sind, die aber auch in mir existiert und die meinem Verstandesbewusstsein nicht zugänglich ist. Das ist ja das Herrliche an Träumen, dass sie oft so fürchterlich unlogisch sind, wie der Verstand es niemals so zusammenbringen könnte. Das sind sie, weil sie verschiedene Ebenen der Realität zusammenbringen. Während der Verstand immer nur auf einer Ebene linear funktioniert und deshalb „logisch" ist.

Praktisch bedeutet das mit der Aufmerksamkeit einfach, dass ich mich ein bisschen dazu erziehe, mich an sie zu erinnern, und wenn ich mich an einen Traum erinnere, dass ich dann die Disziplin aufbringe, mich möglichst sofort hinzusetzen und ihn aufzuschreiben. Und wenn ich mitten in der Nacht aus einem Traum aufwache, dass ich mir Bleistift und Notizbuch neben das Bett gelegt habe und den Traum dann mitten in der Nacht aufschreibe – der ist sonst am nächsten Morgen weg, es sei denn, es ist ein ganz eindringlicher, eingreifender Traum – und dass ich akzeptiere, dass da viele Alltagsreste drunter sind, die eben nicht so wahnsinnig bedeutungsvoll sind. Dass ich den

Traum trotzdem aufschreibe, dabei bleibe, dem Aufmerksamkeit gebe, das ist wichtig. Man kann die Träume auch malen, wenn man dazu mehr Zugang hat. Man bittet sie her, indem man ihnen einfach einen äußeren Ausdruck und die entsprechende Aufmerksamkeit hier in der Welt gibt. Damit holt man sie ja hierher ins Alltagsbewusstsein.

Man kann sich über Träume auch austauschen. Auf unserem Pfad erzählen wir uns Träume und arbeiten mit unseren Träumen. Auch in der Gruppe. Da bekommen sie Aufmerksamkeit, ein gewisses Leben. Wir verbinden die inneren Welten mit den äußeren Welten, und das Symbolische und Bildhafte hilft uns dabei. Und wenn man Träume nahestehenden Menschen erzählt, darüber spricht, dann können sie auch in unser Beziehungsleben mit einfließen und es bereichern. Es gibt natürlich auch Träume, die so intim zu einem selbst gehören, die bewahrt man dann halt für sich. Es gibt so viele, verschiedene Möglichkeiten unsere Träume mehr hier in diese Welt zu holen und ihnen mehr Aufmerksamkeit zu geben.

Wenn man dann eine Weile seine Träume beobachtet hat, beginnt man zu erkennen, dass es Unterschiede gibt, dass es verschiedene Ebenen gibt, von denen die Träume kommen, dass man eine individuelle Symbolsprache hat. Es geht nicht unbedingt um eine allgemeingültige generelle Symbolsprache. Es gibt ein paar Dinge von denen man sagen kann, das ist im kollektiven Unbewussten, das ist ganz klar ein Symbol für etwas Bestimmtes. Aber vieles ist auch sehr persönlich. Man hat eine persönliche Symbolwelt. Wenn man von einer bestimmten Person träumt, kann man sich fragen, was man mit dieser Person assoziiert. Dann ist diese Person das Symbol für eine bestimmte Qualität oder für ein bestimmtes Gefühl. Die gleiche Person wäre vielleicht für jemand anderen ein Symbol für etwas ganz anderes. Und so fängt man an, die eigene Traumsprache kennenzulernen. Das ist wie ein eigener Code.

Ein Buch über Träume, in dem die Symbole erklärt werden, benötige ich also nicht?

Für manche Menschen ist das vielleicht sinnvoll. Ich persönlich halte nicht so viel davon. Es kann uns von uns selbst wegführen. Natürlich ist es auch interessant, sich mit der klassischen Traumdeutung zu befassen, mit Arbeiten zur Symbolik, mit der Verbindung von Psychologie und Spiritualität. Es existieren Werke dazu, die von großer Bedeutung für die Menschheit sind.

Aber in unserem Zusammenhang finde ich es zunächst wichtig, dass ein Mensch einen eigenen Zugang zu sich selbst findet. Und dann kann man das andere vielleicht auch hinzuziehen. Aber woran es meistens mangelt ist, dass wir uns selbst nicht kennen und nicht einmal wissen, dass wir eine innere Welt haben.

Auch Frauen, von denen Du gesprochen hast, die krank sind und sich selbst so wenig wichtig nehmen – das ist oft so, dass viele von uns gar nicht mehr das Gefühl dafür haben, dass sie es wert sind, diesen inneren Reichtum zu haben, und glauben, es steht ihnen nicht zu oder sie sind nicht gemeint. Jeder ist gemeint. Das ist unser Geburtsrecht. In dem Moment, in dem wir auf diese Welt kommen, haben wir das Recht zu Gott zurückzufinden. Jeder und Jede. Das heißt, jedem stehen auch in gewisser Weise die inneren Möglichkeiten zur Verfügung und dieser innere Reichtum, der größtenteils unerschlossen ist.

Eine Möglichkeit, mir meinen Weg zu erschließen, ist also meinen Träumen mehr Raum und Aufmerksamkeit zu geben. Wie ist dann der konkrete Weg? Erkenne ich über meine Träume meine Seele?

Viele Leute glauben, Träume müssen interpretiert werden, fast wie eine Übersetzung. Ich denke, viel wichtiger ist es, mit den Träumen zu kommunizieren, einen Dialog anzufangen, sie sich entwickeln zu lassen, mit ihnen im Gespräch zu sein. Dann entsteht ein innerer Prozess. Es geht nicht ums Wissen, sondern es geht um diesen inneren Dialog. Was sagt mir dieser Traum? Dann schaue ich mir meinen Tag an und dann fällt mir eine Sache besonders auf. Ich schaue einfach hin, was will mir das sagen. Und am nächsten Tag ist was anderes da. Und dann geht das eine mit dem anderen eine Verbindung ein oder geht in Kommunikation.

Zudem gibt es in dem Traum eine Gefühlsqualität. Ich kann versuchen, mich mit dieser Gefühlsqualität zu verbinden, ob da ein Sehnen drin ist oder ein Gefühl von „Das tut mir, meiner Seele, nicht gut". Oder man träumt, man läuft durch eine Wüste, es ist ganz trocken, es ist kein Wasser da. Das kann ein Bild dafür sein, dass etwas Lebenswichtiges fehlt. Oder man träumt, man kommt an einen bestimmten Ort und findet dort etwas, was man braucht oder was einen weiterbringt. Dann kann man schauen, was assoziiere ich mit diesem Ort und dann kommt man plötzlich drauf – ach, da geht der Weg lang.

Man kann mit den eigenen Assoziationen arbeiten und spielen und bekommt dann Antworten. Manchmal sind sie auch ganz plötzlich da. Manchmal kommt ganz plötzlich etwas von der anderen Welt durch und sagt: „So, Schluss jetzt damit, Du musst jetzt das und das tun." Das gibt es auch.

Also auch hier wieder diese Eigenschaft der Empfänglichkeit, das Offensein für das, was die Träume sind und sagen wollen.

Ja.

Träume können also im Alltag eine echte Entscheidungshilfe sein.

Ja. Sie können auch wirklich Führer für den Alltag sein. Nicht immer. Es besteht natürlich bei allem die Gefahr, dass man einen sehr symbolischen Traum sehr wörtlich nimmt und sich sagt - aha, jetzt habe ich das und das zu tun. Ich meine, man kann das dann ausprobieren und sehen [lacht], aber das ist natürlich ein bisschen schwierig.

Doch es gibt immer, fast immer, eine Führung von innen. Ob durch Träume oder eine gewisse Kontemplation, die man haben kann, indem man nach innen fühlt oder indem man ins Herz fühlt und dort fühlt, was stimmig ist. Es ist immer eine bestimmte Führung vorhanden. Das Problem ist, dass für viele von uns die Verbindung zu dieser inneren Instanz abgerissen ist.

Was ist der Sinn des Aufschreibens meiner Träume? Schaue ich dann immer mal wieder in meine Notizen oder warum schreibe ich das auf?

Erst einmal ist es, um dem Traum einen äußeren Ausdruck, um ihm Aufmerksamkeit zu geben. Ich schicke dem Traum damit eine Botschaft: Hier, ich habe Dich aufgeschrieben, ich gebe Dir Aufmerksamkeit. Das Aufschreiben ist in gewisser Weise eine Art Selbsterziehung dazu, ihnen Aufmerksamkeit zu geben. Ich denke, das ist in dem gesamten Themenbereich ganz wichtig. Wenn ich mich auf den inneren Weg begebe, muss ich bereit sein, dieser inneren Welt auch in der äußeren Welt hier einen Platz einzuräumen, das heißt ihr eine gewisse Aufmerksamkeit zu geben. Genau wie wenn ich mich entscheide, regelmäßig zu meditieren, dann muss ich auch tatsächlich regelmäßig meditieren, dann muss ich dem den äußeren Raum geben, dann muss ich mich selbst dazu erziehen, das entsprechend in dieser Welt einzurichten.

Das Wunderbare bei der Meditation und letztendlich auch bei den Träumen ist, dass dieses Erziehen nur für den Anfang wichtig ist. Wie bei Kindern ist die Erziehung irgendwann abgeschlossen und es hat dann eine eigene Existenz. Beim Meditieren war es für mich so, dass ich mich vielleicht ein Jahr lang, vielleicht war es auch weniger, öfter dazu habe zwingen müssen. Ich musste die Disziplin aufbringen, musste dem den äußeren Rahmen geben, aber dann wurde es sehr bald ein Sehnen. Dann war ich unglücklich, wenn es sich nicht einrichten ließ. Das verändert sich. Und so ist es auch mit den Träumen.

Wobei ich selbst schon seit längerem keine Träume mehr aufschreibe. Ich habe das eine ganze Zeit lang gemacht. Aber jetzt ist eine Zeit, in der sie nicht mehr so wichtig sind. Es sind verschiedene Zeiten, in denen die Träume mehr Bedeutung haben oder weniger. Es gab eine Zeit, in der es so viele Träume gab mit so viel Information, dass ich sie aufschreiben musste. Inzwischen ist mal hin und wieder einer, der wichtig ist. Der ist dann auch präsent und mit dem gehe ich durch den Tag, vielleicht auch noch durch die nächsten Tage. Aber den schreibe ich dann nicht mehr auf. Das verändert sich dann eben auch.

Du sagtest „regelmäßig meditieren“. Macht es Sinn, regelmäßig, vielleicht sogar zu einer bestimmten Zeit, zu meditieren?

Das macht Sinn, ja.

Warum?

Immer zur gleichen Zeit zu meditieren ist eben auch eine Erziehungsfrage [lacht]. Wir müssen ja diese äußere Realität mit der inneren Realität irgendwie in Einklang bringen. Und die innere Realität in die äußere bringen. Aber auch die äußere dafür nutzen, dass wir die innere hineinbringen können. Das heißt, ich muss die Aspekte des physischen Lebens nutzen. Und diese sind Raum und Zeit, Rhythmus und Struktur im Alltag.

Für mich ist es allerdings so – schon länger, einige Jahre lang – dass ich Nischen nutze. Bei mir greifen die Leben so ineinander, dass es ein Leben ist. Ich kann also nicht sagen - mein spirituelles Leben und mein weltliches Leben. Das ist eins. Ich habe aber gewisse Dinge in der physischen Welt zu tun, die mir nicht erlauben, zu jeder Zeit zu meditieren. Wenn ich meine Kinder zu einer bestimmten Zeit zum Zahnarzt oder zum Geigenunterricht bringen muss, kann ich dann eben nicht meditieren.

Ich lebe so ein „Nischen-Meditieren". Immer wenn sich eine Nische ergibt, gehe ich meditieren, so oft wie möglich. Ich habe aber trotzdem noch relativ regelmäßig eine Zeit am Morgen, die ich versuche, mir so einzurichten, dass sie immer dafür zur Verfügung steht – das gelingt auch nicht immer –, und in der alles andere verschwindet, nicht existent ist und mich auch überhaupt nicht rührt oder rühren darf [lacht].

Gehst Du dann in einen speziellen Raum?

Ich gehe gerne in diesen Raum hier, weil er leer ist und weil hier eine bestimmte Energie vorhanden ist. Hier kommt auch niemand rein und stört mich. Das ist einfach wie ein Gesetz [lacht]. Aber ich kann genauso gut in jedem anderen Raum meditieren. Ich meditiere abends vor dem Einschlafen. Ich kann im Bett meditieren, irgendwo auf dem Sofa. Oder wenn ich – als privates Taxi für meine Kinder - in der Stadt warte, während ein Kind einen Termin wahrnimmt, dann sitze ich im Auto und meditiere.

Meine Meditation muss also nicht zwangsweise, damit es eine „gute" wird, zu Hause vor meinem Altar in meiner Meditationsecke geschehen?

Das macht vielleicht das Weibliche aus – wenn wir vom Weiblichen sprechen – dass es für Frauen gut ist, wenn Meditation wirklich ins Leben integriert wird und nicht so getrennt ist. Für die meisten Frauen. Das bedeutet auch weibliche Spiritualität, die mitten im Leben stattfindet, wenn Meditation und Alltag eins sind im Leben, so dass wir nicht gesonderte Räume für das weltliche Leben und gesonderte Räume für das spirituelle Leben haben.

Wenn jemand gut damit klar kommt, auf dem Sofa zuhause zu meditieren, warum nicht? Es braucht keinen Altar, auch keine Heiligenbilder, irgendein besonderes „Setting“ oder einen besonderen Raum. Umso besser, je mehr es mitten im Alltag stattfindet. Manche Menschen haben es dann leichter, wenn sie sich einen äußeren Ort schaffen und sich entsprechend etwas aufstellen, was sie damit verbinden. Es ist wie eine Erinnerung durch äußere Mittel, eine Art Ritualisierung. Wenn es nutzt – gut. Aber es muss nicht sein.

Manchmal entsteht durch das Gestalten außen herum ja auch ein Hindernis, im Sinne von: Ich kann ja noch nicht meditieren, weil ich noch nicht diesen Raum oder dieses Kissen oder dieses Tuch habe.

Darin sind Frauen ja auch gut, im Ausreden finden [lacht]. Das stimmt. Doch man braucht diese äußeren Gegebenheiten nicht unbedingt. Eine Frau vielleicht noch weniger, weil Frauen ihren Körper, ihr physisches Dasein, ihre Verbindung zum Leben, mitnehmen können in ihre Meditation. Sie können sich einen Stuhl in der Küche oder an ihrem Schreibtisch nehmen, sich hinsetzen und meditieren.

Meditieren im Sitzen finde ich angenehmer als im Stehen. Irgendwas zum Sitzen ist nicht schlecht. Man muss auch nicht im Lotussitz auf dem Boden sitzen. Der Lotussitz ist in bestimmten Traditionen entwickelt worden und fördert einen bestimmten Fluss der Energie. Aber es hängt auch immer davon ab, in welcher Tradition man meditiert. Ich denke, um erst einmal in diese Verbindung zu kommen und diesen Raum der Meditation für mich zu schaffen, brauche ich keine besonderen Räumlichkeiten oder Accessoires.

Oder Haltungen.

Haltungen auch nicht. Letzten Endes geht es ja um Leere und um Leer-Sein. Das ist das Eigentliche, was in der Meditation passiert.

Wenn alles leer ist, stört jedes Heiligenbild, jede Kerze, jedes Räucherstäbchen oder jede besondere Körperhaltung, weil es immer **Etwas** ist, mit dem man sich befasst. Und nicht **Nichts**. Also es ist **Etwas**, was in den leeren Raum des **Nichts** hineingestellt wird und unsere Aufmerksamkeit auf sich zieht – solange wir uns davon ablenken lassen. Es sei denn, diese Elemente gehören zu einer Tradition dazu und werden innerhalb eines bestimmten Systems mit in die Schulung hineingenommen. Dann existieren da natürlich ganz eigene Gesetzmäßigkeiten, über die man von außen nichts sagen kann und die es zu respektieren gilt.

Ist neben der Meditation vielleicht das Gebet ein Weg, um im Alltag die Verbindung mit Ihm wiederherzustellen?

Ja, das Beten ist eine Möglichkeit, in jedem Moment des Lebens bewusst mit Gott verbunden zu sein. Wir können mit Worten beten, doch es gibt eine noch innigere Verbindung, das „Gebet des Herzens“, eine innere Zwiesprache mit Gott, die ganz ohne Worte sein kann. Das Gebet des Herzens ist ein Mit-Ihm-Sein, in einer inneren Vertrautheit und Intimität. Es hilft auch in Schwierigkeiten, Konflikten, großen Anforderungen. Wir können uns innerlich anlehnen und äußerlich dennoch aufrecht und verantwortungsvoll unsere Aufgaben erfüllen.

Es ist aber nicht nur ein Gebet der Not, der Anlehnung, sondern es kann auch eines der Dankbarkeit oder der Ehrfurcht sein. Oder es ist einfach das Gedenken dieser unglaublichen Nähe und Liebe.

Könntest Du dieses Gebet des Herzens noch etwas näher erläutern? Was machst Du konkret?

Ich gehe mit meiner Aufmerksamkeit in mein Herz. Dort finde ich Ihn. In der Tiefe meines Herzens. Dann überlasse ich die Kommunikation meinem Herzen. Manchmal ist die Nähe so übermäßig groß, dass es einfach ein unmittelbares Zusammensein ist. Alles, was ich im Alltag tue, tue ich dann gemeinsam mit Ihm. Manchmal führt das Herz eine Zwiesprache mit Ihm – in der Sprache des Herzens. Das können beispielsweise Gefühle von Dankbarkeit sein oder auch ein inneres Flehen, ein Sehnen, ein Schmerz.

Wenn wir über den Alltag sprechen, ist ein weiterer wichtiger Punkt das Thema Verletzungen.

Alltag sorgt bei Frauen häufig für Verletzungen, aus den unterschiedlichsten Gründen, die zum Teil in der Außenwelt liegen, zum Teil auch bei den Frauen selbst. Frauen werden immer wieder verletzt und finden meist keine Möglichkeit, damit umzugehen. Es staut sich eine Wut an, über Jahre, teilweise Jahrzehnte hinweg. Das Ergebnis ist, dass Frauen entweder sich selbst, ihren Körper zerstören, dass sich Krankheiten bilden, Tumore, oder dass Frauen zerstörerisch mit ihrer Umwelt umgehen, mit ihren Beziehungen, ihren Familien, ihrer Arbeitswelt, usw. Wie können Frauen diesen alltäglichen Verletzungen begegnen?

Ich glaube, dass die Dimension noch viel größer ist, dass es gar nicht nur um gegenwärtige Verletzungen geht, die alltäglich geschehen, sondern dass im kollektiven Gedächtnis der Frauen einfach eine lange Geschichte von Verletzungen angereichert ist, über Jahrhunderte, sogar Jahrtausende hinweg. Es ergibt sich ein Gefühl von ganz tiefer Verwundung, indem die Kraft des Weiblichen verachtet, das Weibliche missbraucht, verletzt und entheiligt worden ist konkret in Frauen, aber auch indem das Weibliche insgesamt, also das Leben selbst so behandelt worden ist, und dadurch, dass auch das Weibliche in der Spiritualität zurückgedrängt wurde.

Diese Verwundung ist, so denke ich, in jeder Frau abrufbar, auch in Frauen, die individuell im gegenwärtigen Alltag, solche Verletzungen nicht erfahren. Wenn diese Verletzungen sich wiederholen, ist das natürlich ein erneutes Aufreißen von tiefen Wunden, die wir in unserem tieferen Gedächtnis tragen. Unsere Reaktion auf diese Verletztheit und diese Verwundung ist genau das, was uns daran hindert, wirklich unseren Weg zu gehen, weil viele Frauen so darauf reagieren, dass sie sich verschließen. Und wenn wir hier von der Öffnung innerer Räume sprechen, dann ist es genau das, was ihnen nicht möglich ist, weil sie sich – menschlich verständlich – verschließen, um zu verhindern, noch mehr verwundet zu werden. Gleichzeitig ist, wenn eine Frau in Berührung mit tieferen Gefühlen kommt, ganz schnell diese Wut da, von der Du gesprochen hast. Dieser oft auch ganz unverarbeitete und ungerichtete Zorn, von dem man das Gefühl hat, das hat ein so immenses Ausmaß, das geht so tief, ist so unerschöpflich. Man weiß gar nicht, wie tief man gehen muss, um dem überhaupt auf den Grund zu kommen. Und auch das ist natürlich ein Hindernis, kreativ zu sein, sich hinzugeben, empfänglich zu sein für Gottes Liebe.

Viele Verletzungen passieren in der Sexualität, die Frauen erfahren. Die Empfänglichkeit, von der wir gesprochen haben, als weibliche Qualität, hat natürlich auch etwas mit Sexualität zu tun. In der Sexualität leben wir Frauen auch Empfänglichkeit. Wenn wir die frei leben können, ist es etwas ganz Erfüllendes, weil es der weiblichen Natur entspricht, weil es unsere völlig erfüllende Art zu lieben ist. Frauen, die mit diesen Verletzungen so sehr leben, reagieren sehr abwehrend und sehr wütend, wenn wir von Empfänglichkeit gegenüber Gott sprechen.

Es ist natürlich so, dass die Empfänglichkeit dem großen Geliebten gegenüber völlig unabhängig davon ist, was wir mit anderen Menschen erfahren. Dann ist es einfach ganz schade, wenn eine Frau aufgrund ihrer Erfahrungen oder ihrer Reaktion auf jene Erfahrungen oder durch ihr generelles Verwundetsein diese Empfänglichkeit nicht mehr leben kann, wenn sie sich dem Göttlichen gegenüber nicht mehr öffnen kann.

Wenn wir jetzt aber aus einem größeren Blickwinkel, wenn wir auf den spirituellen Weg schauen, dann liegt darin die Chance, dass die Verwundung uns helfen kann, uns für eine andere Dimension zu öffnen. Die Tatsache, dass wir verwundet sind, bedeutet nicht, dass wir für alles und für alle Ebenen zerstört sind, sondern dass wir dies auch nutzen können. Das ist wie ein Schalter, den wir umlegen können oder eine Biegung, die wir machen können, dass wir es als eine Öffnung nutzen können.

Cecil Collins, ein englischer Künstler und Mystiker, hat einmal gesagt: „Gott kommt durch die Wunde in das Herz des Menschen.“ Es gibt einen Zustand von Verwundbarkeit, den wir auch brauchen, um uns dem Göttlichen öffnen zu können. Das ist nicht gleichbedeutend mit der Verletzung, die wir auf einer menschlichen Ebene erfahren haben. Aber wir übertragen das sehr leicht und verschließen uns deshalb sehr leicht. Das ist ein ganz wichtiger Punkt.

Wenn wir konkret diese Verletzungen im Alltag erfahren haben, ist es in den meisten Fällen wichtig, diesen gewissen Punkt zu finden, indem wir unser Leben so ausrichten oder die Achtung vor uns selbst so wieder finden, dass wir alles dafür tun, uns nicht ständig für diese Verletzung zur Verfügung zu stellen. Das ist die eine Ebene. Die andere Ebene ist, mit der Verwundung anders umzugehen und in einen Prozess gehen zu können, so dass die Wut transformiert wird, so dass sich das Ergebnis nicht zerstörerisch auswirkt – auf uns selbst und auf unsere Umgebung.

Es ist komplex.

Nochmals zu dieser spirituellen Wunde. Habe ich die Chance, durch diese Wunde, die Verbindung zu Ihm in meine Aufmerksamkeit zu bringen? Eine Wunde tut ja weh. Hätte ich keine Wunde, wäre für mich vielleicht diese Verbindung nicht so deutlich.

Ein gewisser Zustand, dass etwas nicht vollkommen ist, dass da ein Schmerz ist, das ist das, was uns hilft, uns zu erinnern. Weil es uns verwundbar macht. Wenn wir uns unverwundbar fühlen – alles ist perfekt, alles ist vollkommen, womöglich auch scheinbar wir selbst –, gibt es keinen Anlass, nach Gott zu rufen.

Könnte es sein, dass Frauen wegen dieser ursprünglichen Verwundung grundsätzlich empfindlich sind? Zumindest sagen das ja häufig Männer über Frauen.

Ich weiß gar nicht, ob das so ist. Ist das so? Also ich weiß, dass Frauen in bestimmten Situationen sehr kräftig, sehr stark und tapfer sind. Kein Mann auf dieser Welt kann sich vorstellen, wie schmerzhaft eine Geburt ist. Millionen, Milliarden von Frauen leben das durch und sind gleich anschließend wieder glücklich. In den seltensten Fällen sagen sie danach: „Nie wieder."

Um auf den Alltag zurückzukommen. Wenn ich merke, dass auch ich diese grenzenlose Wut habe – sie ist ja dann wirklich grenzenlos, diese Wut –, muss ich dann diese Wut erst einmal loswerden, sie irgendwie transformieren, bevor ich mir Gedanken darüber machen kann, wie ich wutfrei leben kann? Muss ich als erstes Wut loswerden?

Oh – „muss ich Wut loswerden". Das ist ein schwieriges Vorhaben. Schon allein durch das „muss ich", werde ich es nicht schaffen [lacht]. So etwas darf man sich nicht vornehmen. Das ist zum Scheitern verurteilt. In der Arbeit mit Frauen sehe ich das immer wieder: Diese Wut ist wirklich unerschöpflich. Es ist natürlich letzten Endes der Archetyp der „Großen Mutter", der Mutter allen Lebens, die rasend vor Wut ist, weil etwas verletzt ist. Es ist wie ein Archetyp, der sich in den Frauen rührt und in der ganzen Welt beginnt zu toben. Das Leben ist verletzt. Nicht nur die einzelne Frau. Und jede einzelne Frau leidet auch mit dem Leben mit. Es ist nicht immer nur die persönliche Verwundung.

Die Wut ist die eine Seite. Das ist die Schattenseite der Kreativität, weil sie zerstörerisch ist. Alles, was Macht hat zu erschaffen, hat auch Macht zu zerstören. Das ist im Grunde die Gegenseite.

Man kann nicht sagen: „Ich muss Wut loswerden." Das funktioniert nicht, weil man immer wieder auf die Wut schaut. Dann geht sie nicht weg. Es wäre wichtig, von der Wut weg und auf die Liebe zu schauen. Die Liebe ist im Grunde das Elixier, die Nahrung, die sie transformieren kann. Ich kann sie nicht transformieren. Nur die Liebe kann transformieren.

Das ist ein sehr tiefgreifender Prozess, der viel Gnade und meine eigene Bereitschaft braucht, der ein langer Weg ist und der – das ist ganz wichtig – anfängt mit Verzeihen. Man wird nicht in einem Moment alles und jedem verzeihen können, aber man kann an einem Punkt anfangen. Wenn man sich in diese Energie hineinbegibt, spürt man eine unglaubliche Entlastung. Verzeihen ist ja nicht etwas Schreckliches, das wehtut oder eine Bürde ist. Verzeihen entlastet, macht das Leben wieder heller und stimmt einen mit sich selbst wieder heller, wenn man die Energie einfach zulässt. Doch das ist manchmal so eine Sache. Man hat das Gefühl, man hat auf einer Ebene verziehen und dann kommt irgendetwas Neues, und dann spürt man: Oh, ich habe immer noch nicht ganz verziehen. Es zeigt sich dann auf einer weiteren, einer tieferen Ebene wieder neu.

Aber ich sehe, dass das Verzeihen ein notwendiger Schritt für die Frauen ist. Für alle Frauen, unabhängig davon, was sie konkret in diesem Leben, in ihrer eigenen Biografie erfahren haben. Wie gesagt, es sitzt tief in uns allen. Wir leiden mit jedem Baum, der gefällt wird, mit und verstehen nicht, wie diejenigen, die dafür verantwortlich sind, sich da nicht hineinfühlen können, nicht spüren, was wir mit unserer Erde anstellen. Da ist ein großer Schmerz, und mit diesem Schmerz ist eine Anklage verbunden und eine große Wut. Es wird ein Schritt notwendig, den im Grunde auf eine Art alle Frauen tun müssten. Dieser Schritt ist, zu sagen: „Gut, wir übergeben das jetzt der Vergangenheit. Es gibt genug Zeichen, dass die Welt nach etwas Neuem sucht. Auch die Männer suchen nach etwas Neuem. Wenn wir weiter daran festhalten, versperren wir die Möglichkeiten, dass etwas ganz Neues entsteht, und wir versperren sie auch den Männern."

Wir versperren diesen Weg durch unsere Wut? Durch das Festhalten?

Durch das Festhalten. Dass wir nicht bereit sind zu verzeihen. Ich denke, das Verzeihen ist der springende Punkt. Ich weiß, dass es ganz schwierig ist. Aber man kann an kleinen Punkten anfangen. Man muss nicht mit einem Mal gleich alles verzeihen. Wenn man an einem kleinen Punkt anfängt, kommen Licht und Liebe herein. Und Liebe hat die Natur, dass sie sich ausdehnt, wenn sie einmal da ist. Sie hat die Kraft, es zu transformieren. Es ist ein Loslassen der Vergangenheit. Es ist eben nicht nur etwas, das in diesem Leben passiert, sondern es ist etwas, das schon ganz lange währt. Dass Frauen so verletzt werden können, hängt damit zusammen, dass eine bestimmte Art zu leben sich verfestigt hat. Nun geht es darum, den Schritt zu tun und zu sagen: „Das Ganze gehört der Vergangenheit an. Wir, Frauen und Männer, haben die Möglichkeit, auf eine neue Weise zusammen zu leben." Auch die Männer warten darauf, dass wir das hinter uns lassen. Sie warten auch auf unsere Fähigkeiten, die wir durch diese Wut bisher noch blockieren. Sie warten auch darauf, dass wir die Liebe zum Leben und das Gefühl für das Leben wieder ins Leben hineinbringen, so dass wir alle davon profitieren, alle Menschen, die ganze Familie der Menschheit.

Das heißt also: Damit diese Wut in gewissen Situationen nicht so plötzlich herausbricht und alles zerstört, was sich im Umkreis befindet, hilft es zu verzeihen. Beginnend an einem Punkt.

Das wäre ein Vorschlag, ja.

Gibt es noch andere Möglichkeiten, um diese Wut zu kanalisieren?

Es hängt immer davon ab, wo man ansetzt. Ich denke, ein Punkt ist auch, dass Frauen anfangen, die Verantwortung für das Leben und für ihren eigenen Körper wieder neu zu übernehmen. Dass Frauen, auch physisch, so verletzt werden, hängt ja damit zusammen, dass der Körper nicht mehr heilig ist. Das ist das, wovon wir anfangs gesprochen haben. Wenn das Heilige im Himmel ist, dann ist der Körper nichts wert, und der weibliche Körper schon gar nicht. Frauen haben das übernommen. Es ist keineswegs so, dass dies nur im Bild der Männer ist. Frauen haben das übernommen und haben dieses Gefühl für das Heilige ihres Körpers verloren. Damit geht dann auch die Achtung vor dem Leben und vor dem Körper verloren. Ein ganz wichtiger Punkt für Frauen ist deshalb ein Wandel im Bewusstsein, in dem Sinne, dass eine Frau wieder zu sich nimmt und begreift, dass ihr Körper heilig ist, dass ihr Körper von Licht erfüllt ist. Und dementsprechend kann die Frau ihrem Körper gegenüber wieder eine andere Verantwortung übernehmen, beispielsweise in der Situation, wenn die Wut sich gegen sie selbst und den eigenen Körper richtet. Dies ist in vielen psychischen Erkrankungen der Fall, die vor allem Frauen betreffen, beispielsweise bei den Essstörungen.

Wir dürfen nicht verwechseln: Es geht nicht um einen Körperkult. Es ist nicht das, was uns in den Illustrierten entgegenscheint. Es geht darum, wieder zu erkennen, dass der Körper heilig ist, dass der weibliche Körper heilig ist. Und es geht für die einzelne Frau darum, das in sich selbst auch anzuerkennen und wertzuschätzen, also dem auch wieder die Würde zurückzugeben und den Respekt zurückzugeben, die ihm entsprechen. Und ich meine, wer sollte sonst damit anfangen, als die Frauen selbst?

Das können vermutlich nicht die Männer für die Frauen übernehmen.

Nein, sie können es nicht übernehmen. Aber es geht schon darum, dass wir das alle wieder erkennen. Natürlich auch die Männer. Das, was an dieser Sexualisierung in unserem öffentlichen Leben passiert, ist eigentlich eine Pervertierung davon. Natürlich geht es letztlich auf den Ursprung zurück, dass im weiblichen Körper etwas Göttliches ist. Aber das ist so pervertiert und zum ausbeutungswürdigen Objekt gemacht, dass da keine Verbindung zur Seele mehr vorhanden ist. In der gleichen Weise wird der Körper der Erde bis ins Letzte ausgebeutet und vergewaltigt.

Wie steht es mit den psychischen Verletzungen? Da kann ich ja nicht sagen: „Mein Körper ist heilig und ich gebe ihm seine Würde zurück." Wie kann ich an die psychischen Verletzungen rangehen?

Die körperliche und die psychische Ebene hängen zusammen. Wenn die physische Dimension mit Füßen getreten wird, so leidet die Psyche. Und umgekehrt. Weibliche Verletzungen hängen meist mit der Verachtung des Weiblichen zusammen. Das heißt, es geht letzten Endes an dem Punkt auch darum, dass die Frauen selbst – egal ob auf der physischen oder auf anderen Ebenen – das Weibliche wieder achten.

Dass sie dieses Licht in sich selbst wieder bemerken und den Kontakt wiederherstellen?

Ja, und das, was an weiblichen Qualitäten in uns ist, leben. Das Nährende, das Leben-Gebende, das Kreative, das Mitschöpferische. Das existiert ja nicht nur auf der rein physischen Ebene in uns, sondern auch auf anderen Ebenen. Das Einfühlsame, das Intuitive - und deshalb vielleicht etwas leichter Kränkbare oder Verletzliche [lacht]. Das Leer-sein-Können und Empfänglich-sein-Können, was alles natürlich eine Schattenseite hat. Das Organisch-in-Beziehung-sein-Können. Frauen brauchen von Natur her keine Hierarchie, um zu funktionieren.

Viele begeben sich aber in Hierarchien hinein und versuchen die Leiter hochzuklettern und oben zu sein, weil sie vergessen haben, dass sie ganz andere Möglichkeiten haben, auf organische Weise Dinge zu bewirken, über das Netz von Beziehungen. Hierarchische Strukturen sind nicht weiblich. Um auf der Leiter einer hierarchischen Struktur emporzuklettern, müssen Frauen den Preis bezahlen, das Weibliche in sich völlig zu unterdrücken. Statt aber hierarchische Befehlsstrukturen einrichten zu müssen, könnten Frauen die Energie einfach durch das Netz fließen lassen, das „Netz des Weiblichen". Unter allen Frauen dieser Welt gibt es eine innere Verbindung, die mit ihrer besonderen Anteilnahme an der Schöpfung zu tun hat. In diesem unsichtbaren Netz sind das weibliche Wissen und die weiblichen Fähigkeiten gespeichert. Dieses Wissen wird aktiviert, wenn wir das Netz aktivieren. Deshalb brauchen Frauen den Kontakt untereinander. Wir können dieses Netz aber auch unsichtbar nutzen, indem wir uns innerlich darauf einschwingen.

Dann könnten wir auch die Ebene der Konkurrenz hinter uns lassen. Konkurrenz und Rivalität sind ein eher männliches Phänomen, und in der Sphäre des Männlichen haben sie sicher eine Bedeutung. Es gibt jedoch sehr viele Frauen, die untereinander konkurrieren. Das müssten sie eigentlich nicht, weil sie anders funktionieren können. Es ist wichtig, das wieder in sich wach zu rufen und zu schätzen.

Aber Du warst doch in der Frauenbewegung tätig?!

Nein, nicht wirklich tätig.

Weil dieses „Frauen-Sind-anders" ja nicht in die Werte passt, die die Frauenbewegung in den Siebzigern vertreten hat.

Ich bin damals in Kontakt gekommen mit der Frauenbewegung, aber ich glaube, mir ging es eigentlich eher darum – ohne dass ich das wirklich wusste –, Frauen zu finden, mit Frauen in Kontakt zu sein, um bestimmte Verbindungen wieder aufzubauen. Ich hatte etwas mit in dieses Leben gebracht und ich hatte es nirgendwo gefunden und habe es dann dort gesucht. Aber ich habe nicht wirklich politisch gekämpft, bin nicht für gewisse Ziele eingetreten Ich habe ziemlich schnell gemerkt, dass es darum für mich nicht ging.

Viertes Gespräch

Um es nochmals auf den Punkt zu bringen: Was muss ich ganz konkret in meinem Alltag machen, damit ich die Möglichkeit habe, ihn spirituell zu leben?

Als Erstes würde ich das „muss" weglassen [lacht]. Als Zweites würde ich die Vorstellung weglassen, die Art, wie ich lebe, das sei oder könnte etwas Spirituelles sein. Und dann könnte ich mich vielleicht als Drittes dem nähern, dass ich versuche, lebendig und im Bewusstsein des Göttlichen meinen Alltag zu leben.

Doch was kann ich tun? Wir hatten schon darüber gesprochen, dass das Gewahrsein oder das Sich-Erinnern eine sehr wichtige Rolle spielt. Ich kann mir dieses innere Bewusstsein oder das übergeordnete Bewusstsein immer wieder in Erinnerung rufen, also die Existenz des Göttlichen oder dessen, was mich berührt hat. Dies ist nicht irgendetwas, das ich als Glaubensvorstellung übernehme, etwas, das außerhalb von mir ist. Es ist das, was mich berührt hat, von dem ich selbst die unmittelbare Erfahrung gemacht habe, dass es existiert. Für manche Menschen ist es vielleicht einfach Licht oder Liebe oder ein bestimmtes Berührtsein von etwas, das größer ist als sie selbst.

Auf keinen Fall geht es bei einem Alltag, den ich im Bewusstsein des Göttlichen lebe, darum, etwas Bestimmtes zu tun. Es geht nicht darum, **was** wir tun, welche besonderen Aufgaben wir erfüllen, welche Berufe wir haben oder in welcher Form wir leben. Ob wir in einem Familienzusammenhang leben, ob wir mit Kindern leben, ob wir alleine leben, ob wir mit einem Partner leben, ob wir berufstätig sind oder nicht, ob wir körperlich arbeiten oder geistig, mit Menschen, mit Materie oder mit der Natur. All das ist nicht die Frage. Die Frage ist **wie**, mit welcher Haltung wir dies tun, was wir leben.

Dabei sind es auch nicht nur die Dinge, die wir **tun**, also die Dinge, an denen Arbeit beteiligt ist, sondern genauso zählen die Ruhepausen oder Phasen, in denen wir eben nichts tun, dazu. Es geht darum, dass wir alles, was uns im Alltag begegnet und was uns durch den Alltag trägt, mit einer gewissen Haltung tun, nämlich – man kann es auf den einfachen Nenner bringen – mit

Liebe tun. Und natürlich ist es so, dass die Aufgaben, die schwieriger für uns sind und die vielleicht auch mit Konflikten zusammenhängen, dass dies die Aufgaben sind, bei denen es uns viel schwerer fällt, sie in einer Haltung von Liebe zu tun. Aber es ist möglich, in dem Moment, in dem ich selbst einen Schritt zurücktrete und alles, was mir begegnet, jede Erfahrung, die mir in meinem Leben begegnet, als ein Geschenk betrachte, als eine Möglichkeit, eine gewisse Erfahrung damit zu machen. Wenn ich dies beachte, kann ich dem auch in einer entsprechenden Haltung begegnen.

Das heißt ganz konkret: Egal ob ich meine Kinder am Morgen auf den Weg bringe, ob ich einen kranken Menschen versorge, ob ich im Verkehrsstau auf dem Weg zur Arbeit stehe, ob ich in meinem Arbeitszusammenhang eine schriftliche Arbeit anfertigen muss oder ob ich ein Brot zu backen habe – ich kann all diese Dinge mit einer Haltung der Liebe tun. Es ist wie als hätte ich innerlich jemanden dabei. Als würde ich es wie mit Jemandem – mit einem großen J – tun. Wie etwas, das in eine große Liebesaffäre, in eine Liebesgeschichte eingebunden ist. Jede kleinste noch so gewöhnlichste Tätigkeit. Wenn ich die Kartoffeln schäle oder wenn ich mich für eine Pause hinsetze und eine Tasse Tee trinke.

Es fällt in gewissen Lebenssituationen schwer, alles als Geschenk zu betrachten. Wir haben vorhin zum Beispiel über die Verletzungen gesprochen. Und eine Verletzung als Geschenk zu betrachten, fällt mir ganz schwer.

Wie kann ich dahin kommen, dass es mir nicht mehr schwerfällt?

Vielleicht geht es eher darum, die Möglichkeiten, die ich habe, als ein Geschenk zu betrachten. Und zwar die Möglichkeiten, mit dieser Erfahrung umzugehen, etwas aus ihr zu machen und auf sie zu antworten. Zum Beispiel gibt mir eine Verletzung die Möglichkeit, dass ich jemandem verzeihen kann oder dass ich jemanden treffe, der mir hilft, das zu heilen. Mit jeder Erfahrung sind wieder ganz bestimmte andere Erfahrungen verbunden, weil das Leben eben eine große Ganzheit ist und keine einzige Erfahrung nur negativ oder nur positiv ist und auch nie nur ich alleine an einer Erfahrung beteiligt bin.

Es geht grundsätzlich darum, wie ich durch meinen ganz gewöhnlichen, ganz normalen Alltag in einer bestimmten Haltung gehe. In meinem Alltag habe ich immer mit physischer Welt und physischer Materie zu tun, was ja für manche Menschen schwierig ist, die sich auf einen spirituellen Weg begeben und eigentlich dem entfliehen wollen, weil sie sich dem widmen wollen, was scheinbar allein heilig ist. Die Erinnerung daran, dass die physische Welt keine tote Materie ist – so wie wir sie eigentlich inzwischen kollektiv behandeln, wie ein Stück toter Materie –, sondern dass sie lebendig ist, dass auch in der materiellen Welt Licht vorhanden ist, dass auch unsere physische Welt, unsere Erde heilig ist, dieses Bewusstsein hilft uns, in einen ganz anderen Austausch mit der Materie zu gehen und anders mit ihr umzugehen, wenn wir mit ihr zu tun haben. Das göttliche Licht kann mir auch aus der Welt hier entgegenstrahlen.

Ganz einfach ist es natürlich zum Beispiel mit Kindern. Die Kinder gehören auch zu den weltlichen Aufgaben. Die Aufgabe ist, Kinder großzuziehen. Wir können immer wieder dieses Glück erfahren, dass uns etwas entgegenstrahlt – auch mit zerrissenen Hosen und beschmutzten Windeln und weinenden Augen –, das voller Licht und Liebe ist. Hier ist es noch ganz ursprünglich. Aber das sind im Grunde eben nicht nur die Kinder, sondern alles, was in dieser Welt ist, ist Ausdruck Seiner Göttlichkeit. Und es ist uns anvertraut, damit entsprechend umzugehen.

Und dann kommt etwas Besonderes dazu, das mit dem weiblichen Weg zu tun hat, nämlich, dass Frauen diese besondere Verbindung zur Erde als physischer Welt haben. Um diesen inneren Kontakt im Alltag halten zu können, denke ich, ist es sehr wichtig, dass Frauen dafür sorgen, den Kontakt zur Erde zu halten – auch unter schwierigen Situationen. Wenn man eben zum Beispiel in einer Großstadt lebt und in einem Großraumbüro sitzt, dann ins Auto steigt und durch den Verkehr nach Hause fährt und sich dann in einer Appartement-Wohnung wiederfindet, wenn man den Alltag in solch einem Umfeld verbringt, ist es natürlich schwieriger, diesen Kontakt zur Erde zu leben, als wenn man irgendwo paradiesisch in der Natur – so wie im Urlaub – sein Leben verbringt.

Unter solchen Lebensumständen halte ich es dennoch für wichtig zu versuchen, so häufig wie möglich Kontakt zur Erde zu haben. Das kann in der Großstadt der Park sein oder nur ein einzelner Baum. Es muss nicht die menschenleere Landschaft sein. Es ist natürlich wunderbar, wenn man das mal genießen kann. Aber schon mit den Füßen über Erde zu laufen, sich Stellen zu suchen, an denen kein Asphalt ist, wirklich eine physische Verbindung zu finden zur Erde selbst, ist wichtig, um den inneren Kontakt im Alltag halten zu können.

Die Katze in meinem Appartement wäre nicht diese Verbindung zur Erde?

Doch. Auch. Aber ich denke schon, dass es tatsächlich wichtig ist, hin und wieder die Füße wirklich mit dem Boden, mit der Erde in Kontakt zu bringen. In anderen Zeiten war das völlig natürlich. Und in anderen Kulturen ist es immer noch so. Kein Mensch dort würde auf die Idee kommen, das als besondere Übung zu betrachten, weil es natürlich ist. Es ist das, womit, worauf, wovon wir leben. Aber wir sind eben in unserer Welt teilweise sehr entfremdet von unserer Erde. Ich glaube, dass es für Frauen, die den Kontakt zu ihrer eigenen inneren Natur finden wollen, wichtig ist, Kontakt mit der Erde, mit der Natur zu haben. Das korrespondiert, das gehört zusammen.

Und wenn ich Kontakt zur eigenen inneren Natur habe, fällt es mir leichter einen sogenannten spirituellen Alltag zu leben oder das Göttliche, das Heilige im Alltag zu leben, weil ich dann eine direkte Verbindung habe, weil nichts sich dazwischen schiebt. Dann beginne ich, den Alltag wirklich in einer Einzigartigkeit zu leben. Um einen Alltag spirituell zu leben, gibt es keine Regel, so oder so muss man leben. Vielmehr ist es wirklich so, dass man lernt, dem besonderen Ruf oder dem Duft zu folgen, der uns oder ganz speziell mich ruft – so wie ich gemacht bin und so wie ich gewollt bin –, um dem Leben ein ganz spezielles Licht hinzuzufügen.

Zum Thema heilig und Körper gehört auch Sexualität, also das Leben einer lebendigen Sexualität. Und doch haben Frauen, geprägt über die Jahrhunderte, immer noch mit dieser Spaltung zu kämpfen. Auf der einen Seite die heilige Maria, die

Reine, die Unbefleckte, die Jungfrau. Auf der anderen Seite die Hure, die Befleckte, die ihren Körper hingibt – Maria Magdalena verkörpert dieses Bild. Wie können Frauen diese beiden Aspekte vereinen und zu einer lebendigen, heiligen Sexualität finden?

Ich denke, erst einmal hat jede Frau ihre ganz eigene Sexualität. Es gibt nicht **die** Sexualität. Bei dieser sogenannten Befreiung der Sexualität in den 60er, 70er Jahren, war das Problem, dass es eine neue Doktrin gab, die Überbetonung der Sexualität, die auch wiederum ganz viele Frauen sehr unter Druck gesetzt hat. Weder das eine noch das andere ist eben **die** Sexualität. Jede Frau muss das für sich selbst finden. Es kann sein, dass für eine Frau Sexualität keine Rolle spielt und für eine andere Frau Sexualität eine größere Rolle spielt, größer womöglich, als sie sich eingesteht oder wahrnimmt. Die Voraussetzung dafür, die eigene Sexualität zu finden – so wie sie stimmt für einen selbst –, ist, diese Prägung abzulegen, dass alles Körperliche, das Sinnliche und die Sexualität kontraproduktiv für eine geistige oder spirituelle Entwicklung seien, dass dies schlecht oder schädlich sei.

Das ist natürlich ein ziemlich heikles Thema, weil hier gleichzeitig auch oft die Verletzungsgeschichte hineinspielt. Deshalb denke ich, ist es notwendig einen Weg zu finden, wie wir wiedererkennen können, dass Sexualität auch heilig ist und dass gerade für Frauen Sexualität und Spiritualität ganz eng beieinander liegen und sich nicht gegenseitig ausschließen. In gewissem Maße ist eine sexuelle Erfahrung eine spirituelle Erfahrung. Gleichzeitig ist es der physische Ausdruck einer viel größeren Möglichkeit von Eins-Sein, die wir in einer mystischen Erfahrung haben können. Und sie ist – wie alles in der physischen Welt – natürlich begrenzt. Nichts hier ist endlos oder grenzenlos. Aber innerhalb dieser Grenzen können wir wieder dahin finden, Sexualität auch als einen Ausdruck göttlicher Liebe und der Liebesfähigkeit, die Er uns gegeben hat, zu erkennen, sodass sie durch alle Ebenen hindurch geht. Sodass wir auch mit dem Körper wie mit dem Herzen und mit allen anderen Ebenen lieben.

Das heißt, wenn ich einen Menschen körperlich liebe, kann es eine spirituelle Erfahrung und Ausdruck meiner Liebe zu Ihm sein?

Ja.

Hat das mit dieser mehrfach angesprochenen Substanz zu tun?

Das hat mit dem Licht im Körper der Frauen zu tun. Mit dieser heiligen Substanz. Der Mann kann das Göttliche über die Frau erfahren.

Wichtige Themen im Alltag für Frauen und ihre Umgebung sind: Zyklen, Rhythmen, Stimmungen. Frauen sind nicht immer gleich. Das wird häufig vergessen, von der Umgebung, aber auch von Frauen selbst.

Frauen leben viel stärker und deutlicher – als gemeinhin wahrgenommen – in Zyklen, so wie alles im Prozess der Schöpfung in Zyklen lebt. Das hat damit zu tun, dass die Frauen eng mit der Schöpfung leben, ob sie es wissen oder nicht. Die Schöpfung – wie vorher auf einer anderen Ebene in Zusammenhang mit dem Atem erwähnt – lebt auch in einem Rhythmus des Sich-in-die-Existenz-Bringens und wieder Zurück-in-die-Nicht-Existenz-Gehens. Also in Zyklen von Geboren-Werden und Sterben, in Zyklen von Sich-Ausdehnen und Zusammenziehen. Es ist der Tanz der Schöpfung. Und Frauen dürfen das ganz physisch durch ihren Menstruationszyklus miterleben.

Das ist vielen Frauen auch nicht klar, dass dies auch ein Geschenk ist [lacht]. Das bemerken Frauen manchmal erst dann, wenn die Menopause eintritt. Manchmal nehmen sie wahr, dass ihnen etwas fehlt, weil es ihnen die Möglichkeit gab, Zyklen ganz deutlich mit zu leben, auch physisch.

Wenn eine Frau versucht, auf natürliche Weise im Einklang mit diesem Zyklus zu leben, leidet sie auch nicht, und die Umgebung leidet auch nicht so viel [lacht], anders als wenn sie das unbewusst lässt oder womöglich dagegen angeht. Es gibt eine Zeit, in der Frauen mehr nach innen gehen, und es gibt eine Zeit, in der sie mehr nach außen gehen. Und wenn Frauen sich nur ein kleines bisschen darauf einstellen, dann ist das Leben fließender und dann sind diese Rhythmen im Alltag eine Hilfe und kein Hindernis, das den Alltag schwer macht.

Frauen sollten ihre Stimmungsschwankungen also nicht unterdrücken, aber auch nicht ausleben?

Ja, was bedeutet „ausleben"? Im Grunde sind Stimmungen ja ein Zeichen dafür, dass sich schon etwas auf der emotionalen Ebene manifestiert hat. Erst einmal gibt es nur innere Bewegungen, ein Bedürfnis, nach innen zu gehen und empfindlich zu sein, und ein Bedürfnis, nach außen zu gehen, auszuatmen und etwas nach außen zu bringen. Stimmungen, die mich dann selbst beeinträchtigen und meine Umgebung beeinträchtigen – wenn es sich emotional verfestigt und mich in der Hand hat –, tauchen ja erst auf, wenn ich nicht wirklich mitfließe, wenn ich diesem Bedürfnis nach Bewegung nicht nachgebe. Das sucht sich dann diesen Weg. Und es ist natürlich umso mehr in Harmonie mit meiner Umgebung und mit meinem Leben, je mehr ich mich mit einschwinge, soweit ich das kann.

Wir leben in einer Welt, die nimmt auf solche Zyklen keine Rücksicht. Darüber werden allenfalls Witze gemacht. Über eine Arbeitskollegin, die man zickig findet, sagt man: „Na ja, wahrscheinlich hat sie ihre Tage..." Unsere Welt lebt nicht damit. Aber jede einzelne Frau lebt damit und kann sich innerlich mehr auf diesen Zyklus einstimmen.

Dieser Zyklus ist viel mehr als nur der Menstruationszyklus. Die ganze Schöpfung atmet in diesem Zyklus. Die Erde atmet in diesem Zyklus. Die Erde erlebt zyklische Bewegungen in ihrer Verbindung zum Mond. Es gibt Ebbe und Flut. Auch der Menstruationszyklus hängt mit den Mondphasen zusammen. Wir haben das mit der Erde gemeinsam. Und der Erde würde es auch guttun, wenn die Frauen innerlich mehr Rücksicht nähmen auf diese Zyklen.

Was bringt mir denn dieser Zyklus – außer den Schwankungen?

[lacht] Ich sage ja, die kommen nur, wenn ich nicht in Einklang mit diesem Zyklus lebe. Dann suchen sie sich einen Weg, in dem das Gleichgewicht ins Schwanken gerät.

Warum sollte ich mich über den Zyklus freuen?

Es gibt mir zum Beispiel die Möglichkeit, mich immer wieder zu erneuern und zu reinigen. Um am Leben zu bleiben, müssen wir das sowieso auf irgendeine Art tun. Aber Frauen haben diesen Zyklus und wenn sie sich damit verbinden, haben sie eine ganz große Unterstützung in diesem Prozess. Wenn ich mich darauf einstelle, gibt es mir die Möglichkeit, in einem gesunden Wechsel von Entspannung und Aktivität zu bleiben, in einem Mich-in-mich-Zurückziehen und Aus-mir-Herausgehen. Diesen Rhythmus gesund beizubehalten, ist wie eine physische Stütze.

Und eben nicht – wie in unserer modernen Gesellschaft gefordert – immer nur nach vorne, nach außen zu gehen, sondern auch nach innen zu gehen. Den natürlichen Rhythmus zu leben.

Mit dem Schöpfungsrhythmus zu gehen. Es hört sich groß an. Aber letzten Endes bedeutet das, in Harmonie mit der Schöpfung zu leben.

Wenn ich aber einen Alltag habe, der von mir Aktivität fordert, wenn ich zum Beispiel ein Geschäft habe, dann muss ich präsent sein, muss mit den Kunden kommunizieren, muss jeden Tag freundlich sein. Wie kann ich dann auf den Zyklus eingehen?

Ich glaube nicht, dass es irgendeinen Alltag gibt, der nur aus Aktivität besteht. Auch wenn ich viel zu tun habe und ein Geschäft oder ein großes Projekt habe oder sonst wie in der Welt bestehen muss. Man hört, dass die Broker einen fast 24-Stunden-Aktivitätstag haben. Kein Mensch kann das durchhalten. Diese Menschen brennen dann völlig aus, haben keinen Rhythmus mehr, finden keine Ruhe mehr, in den Zeiten, in denen sie nicht dem Geld hinterherlaufen.

Sie existieren dann wirklich nur noch wie ausgebrannt und brauchen spezielle Therapien. Das muss nicht sein. Es sei denn, ein Mensch rennt permanent dem Geld oder der Macht hinterher, oder beidem zusammen. Doch das hat nicht mehr viel mit Leben zu tun.

Aber, um nochmals auf die Frau im Geschäft zurückzukommen. Natürlich hat sie viel zu tun und muss jeden Tag freundlich sein zu ihren Kunden. Aber sie kann zum Beispiel in Phasen, die mehr mit dem Ausatmen verbunden sind, länger arbeiten oder andere Dinge erledigen. Während sie in Phasen des mehr Nach-innen-Gehens darauf achten kann, dass sie sich in der arbeitsfreien Zeit wirklich Ruhe gönnt und in dieser Zeit keine sozialen Verpflichtungen übernimmt oder ausgeht, sondern sich lieber beispielsweise abends in die Badewanne legt, ein gutes Buch liest oder Musik hört. Es gibt auch in einem aktiven Alltag immer Zeiten, Nischen und Möglichkeiten, in denen man mehr Raum gibt und in denen man mitfließen kann.

Oder kann man auch die Aktivitäten mit mehr Ruhe gestalten?

Das ist sowieso immer gut [lacht]. Dieses absolut ständige und angespannte Aktiv-Sein-Müssen – das ist nicht real. Auch das ist eine Illusion. Sie gründet in einer Vorstellung vom Leben, dass man permanent einem Ziel hinterher jagt, dass alles zielorientiert ist und dass jedes Ziel erreicht werden muss. Dieses Verhalten vergisst das Leben selbst. Es vergisst, dass es um den Moment geht und um den Prozess und um das, was man im Moment erfährt.

*Um diesen **einen** Moment, der ständig stattfindet?*

Ja.

Da wären wir beim Punkt „Zeitmanagement". Hast Du in deinem Alltag Prioritäten, im Sinne von: Das kommt zuerst und alles andere steht hinten an?

Es gibt so eine Art übergeordnete Priorität. Priorität hat für mich Er, der Geliebte, in jeder Situation, in jedem Moment im Alltag. Wenn ein Moment ist, in dem ich direkt gerufen werde, dem zu folgen, dann hat das Priorität. Da ist gar keine Frage für mich. Natürlich kann das die Dinge des Alltags oder die Familie betreffen.

Wenn ich darüber hinaus den Alltag untergeordnet in verschiedene Bereich aufteile, würde ich sagen, die Familie hat für mich eine große Priorität, weil das eine innere Verpflichtung ist, die ich eingegangen bin. Und das ist für mich ein Weg, in diesem Leben mit Seiner Liebe zu leben und mich zu geben. Es kommt natürlich auch viel zurück [lacht]. Es sind die menschlichen Verbindungen, und ich habe die Aufgabe, die Kinder großzuziehen. Das steht an erster Stelle. Wenn das Bedürfnis eines meiner Kinder oder ein wichtiges Bedürfnis meines Ehemannes da ist, dann hat das Vorrang.

Aber ich kann es eigentlich gar nicht etwas anderem gegenüberstellen. Es gibt den Bereich meiner Arbeit mit Menschen, die genießt auch große Priorität. Wenn mich jemand von den Menschen, die ich begleite, braucht – ich prüfe das natürlich, ob ich wirklich gebraucht werde –, dann folge ich dem ebenso unmittelbar und dann jongliere ich mit den verschiedenen Aufgaben. Ich glaube, ich jongliere viel in meinem Alltag.

Es ist jedoch grundsätzlich so, dass viele Dinge, die einfach nicht wesentlich oder wichtig sind, weggefallen sind. Ich gehe nicht so viel aus. Aber mir fehlt da nichts [lacht]. Es strengt mich im Gegenteil mitunter sehr an, wenn ich es tue. Ich habe auch Freunde. Aber ich treffe mich nicht zu so einer Art Kaffeekränzchen oder gesellschaftlicher Zusammenkünfte, bei denen nicht wirklich etwas passiert. Wenn ich jemanden von meinen Freunden treffe, bin ich wirklich mit diesem Menschen zusammen. Das geschieht nicht so häufig, aber wenn, dann ist es real. Es ist echt. Es erfüllt dann ganz den Moment. Diese Dinge, die viele Menschen so nebenbei tun und glauben, tun zu müssen, die fallen weg. Aber für mich ist es nicht so, dass ich bewusst Prioritäten setzen muss. Diese Aktivitäten fallen von selbst weg. Da ist keine Sehnsucht, kein Duft der Sehnsucht, der mich zieht.

Kannst Du diese – ich nenne sie mal – äußeren Aktivitäten näher beschreiben?

Diese Aktivitäten, die nicht wesentlich sind in meinem Leben. Diese äußeren Aktivitäten sind solche, die etwas vermeintlich Wirkliches suchen in einer Welt der Illusionen, die uns einen Ersatz bieten sollen für innere Erfahrungen.

Es ist nicht so, dass ich das Leben nicht genieße. Es ist kein asketisches, zurückgezogenes Leben. Es ist vielleicht ein einfaches Leben, das ich führe. Ich denke, dass es in den Augen vieler Menschen langweilig erscheint [lacht]. Aber für mich ist es erfüllt. Ich könnte sogar noch weniger haben. Das Anhäufen von Dingen und Materie und Ereignissen finde ich sehr belastend, weil alles in dieser Welt, was zu uns gehört und was wir besitzen, Aufmerksamkeit und Zuwendung braucht. Mein Garten ist zufrieden damit, wenn ich nicht immer für ihn sorge. Der ist auch nett, wenn er ein bisschen wild wachsen kann. Und trotzdem gibt es selbst da ein Erfordernis, ihm irgendwann ein bisschen Zuwendung zu geben. Und so ist es mit allen Dingen. Das würde ich mir vielleicht wünschen, dass ich noch einfacher leben könnte. Aber das ist mit Kindern oder Familie nicht so einfach [lacht].

Haushalt, Ordnung, Chaos. Es gibt Frauen, die alles sauber putzen und sobald es sauber ist, nochmals sauber putzen. Und es gibt Frauen, die im totalen Chaos leben. Gibt es hier eine Art von Harmonie, die man definieren könnte?

Ich glaube, das muss jeder für sich selbst entscheiden [lacht]. Ich denke, es ist schon notwendig, dass man den Ort, an dem man lebt, **klar** hält. Das ist der äußere Ausdruck eines inneren energetischen Zustandes. Staubige, schmutzige Ecken in einem nicht gereinigten Raum sind häufig Orte, an denen sich dann auch allerhand Immaterielles – zum Beispiel Gedankenformen – fest- und aufhalten kann. Ein äußerlich nicht gereinigter Raum ist auch innerlich nicht klar. Das ist auch die Verantwortung, die wir der Materie gegenüber haben, dass wir dem Ort, an dem wir leben, und den Dingen, mit denen wir leben, eine gewisse Zuwendung entgegenbringen, dass wir sie pflegen.

Das sagt nichts darüber aus, wie materiell wertvoll oder luxuriös das Haus ist in dem ich lebe. Auch Menschen, die in ganz einfachen Hütten leben, halten ihre Hütten rein. Also, es ist nicht die Frage, wie luxuriös die Materie ist, in der ich lebe. Aber es gehört für mich zu einem spirituellen Alltag dazu, dass ich versuche, das Umfeld in dem ich lebe, rein zu halten. Genauso wie ich versuche, die Atmosphäre in mir selbst rein zu halten, das heißt, darauf zu schauen, welche Gedanken ich habe und welche Gefühle, genauso habe ich die Verpflichtung, die Atmosphäre um mich herum so rein wie möglich zu halten und auch die Materie, in der ich lebe, rein zu halten.

Das übermäßige Putzen jedoch – ja, was ist das? Das ist ein Unerfüllt-Sein auf einer anderen Ebene.

Auf welcher Ebene?

Es betrifft sicher nicht die materielle Ebene, auf der Frauen das ausleben. Möglicherweise fehlt ihnen etwas auf einer inneren Ebene. Es gibt da sicher verschiedene Gründe, die von einer emotionalen, psychologischen oder spirituellen Ebene herrühren.

Über Zimmer von pubertierenden Jugendlichen wollen wir in diesem Zusammenhang nicht sprechen …

Es gibt Zeiten, da ist dieses Chaos notwendig. Da muss man das einfach loslassen. Das wäre in dem Fall eine Grenzüberschreitung, hineinzugehen und sauberzumachen. So würde ich das sehen. Man muss einfach hoffen, dass das wieder vorübergeht. – Es geht vorüber. Dann kommt eine andere Zeit [lacht]. Das sind Übergänge, die durchlebt werden müssen. Hast Du in der Pubertät immer ein ordentliches, sauberes Zimmer gehabt?

In meiner Erinnerung war eine Ordnung drin. Meine Mutter nennt es aus heutiger Sicht ein „organisiertes Chaos".

Ich meine, ein bisschen Chaos ist schon notwendig im Leben. Und pubertierende Jugendliche übertreiben es möglicherweise in diese Richtung. Das ist ein Ausdruck des Chaos, das in ihnen drin ist. In dem Alter ist innerlich Chaos. Man weiß nicht mehr, wer man ist. Ganz neue Dinge tauchen auf. Man muss sich selber auf eine neue Art finden, sich wirklich selbst finden und nicht dieses

Kind sein, das den Eltern gefallen wollte und deren Wünsche und Projektionen ausgelebt hat. Pubertät ist Umbaustelle und das unaufgeräumte Zimmer ist der äußere Ausdruck dieses inneren Chaos. Das Chaos hat ja auch eine Funktion. Bei pubertierenden Jugendlichen ist es eben etwas im Extrem gelebt, aber für jeden ist es wichtig, dem Chaos ein kleines bisschen Raum zu lassen. Auch wenn es wichtig ist, dass ich meine Umgebung rein zu halten habe.

Chaos ist den Frauen ja im Grunde sehr vertraut. Eine weibliche Eigenschaft?

Eine weibliche Eigenschaft? Weiß ich nicht. Frauen haben eine Nähe zum Chaos, weil Chaos einer der Zustände innerhalb der Schöpfung ist. Es gibt keine Schöpfung ohne einen Moment von Chaos. Aber in diesem Chaos gibt es eine gewisse Ordnung, die jedoch nicht mit den Ordnungsvorstellungen unseres Verstandes übereinstimmt. Das ist eine dem Chaos eigene Ordnung, die fähig ist, Dinge von einem Zustand in einen anderen zu bringen. Es ist im Grunde der Moment, in dem das Alte zusammenfällt und sich wieder neu ordnet. Das geschieht in einer gewissen Ordnung, die wir nicht durchschauen. Was wir wahrnehmen, ist dieses absolute Durcheinander. Wir staunen dann, wenn sich etwas Neues bildet, das dann wieder eine neue Ordnung hat. Das ist wie der Übergang von etwas, das in einem bestimmten Gleichgewicht war und das in ein neues Gleichgewicht kommen muss. Dann geht es erst einmal drunter und drüber, bis es sich dann wieder neu einpendelt.

Frauen können manchmal das Chaos überhaupt nicht zulassen. Viele kämpfen genau dagegen an, weil sie spüren, dass es auch in ihnen ist. Sie kämpfen dagegen an und setzen dem eine übertriebene Ordnung und Konzepthaftigkeit entgegen. Sie pressen alles in Konzepte und Schubladen und werden ganz kribbelig, wenn etwas aus der Schublade herausfällt oder nicht mehr hineinpasst.

Das heißt, ein spiritueller Alltag kann auch ein chaotischer sein?

Menschen sind unterschiedlich. Es gibt Menschen, die sind von Natur aus chaotisch, und die müssen eben daran arbeiten, das in eine gewisse Ordnung zu bringen. Und es gibt Menschen, die sind sehr in Strukturen gepresst und müssen daran arbeiten, ein bisschen mehr das Chaos zuzulassen. Ein völlig chaotischer Alltag – ich weiß nicht, ob das sinnvoll ist.

Aber zumindest mit chaotischen Elementen oder Phasen. Viele verbinden ja mit einem spirituellen Alltag oder spirituellen Sein immer diese unbedingte Klarheit mit einer gewissen Ordnung. Dass Chaos auch eine Ordnung ist und eine innehat, ist für viele ungewohnt.

Aber das hat auch damit zu tun, dass wir verlernt haben, spontan mit dem Leben umzugehen. Wir wollen das Leben ja kontrollieren. Wir wollen wissen, was uns erwartet. Wir wollen einschränken, was das Leben uns bringt und was es uns nicht bringen soll. Spontan das Leben auf uns zukommen zu lassen, die Tür zu öffnen und zu sagen: „Komm rein und zeig mir, was du mir mitgebracht hast", das fällt uns sehr schwer. Das hat auch damit zu tun, dass wir nicht mehr im Moment leben oder dass es uns schwer fällt, sein zu können. Das ist eine weibliche Eigenschaft, das **Sein**. Wenn eine Frau in ihrem Alltag einfach das **Sein** zulässt, kann das natürlich von außen sehr chaotisch aussehen. Es ist ja immer die Perspektive, aus der man guckt.

Aber ich kenne Frauen – die bewundere ich, das könnte ich nicht aushalten –, die haben kleine Kinder und sind dabei sehr kreativ, sind wahre Künstlerinnen, machen so viele Dinge gleichzeitig, und sie sitzen mittendrin und lassen das Leben um sich herum geschehen und es sieht von außen völlig chaotisch aus. Man fühlt sich ganz unwohl, wenn man nur zuschaut, und denkt: „Meine Güte". Aber wenn man sich hineinfühlt, sieht man, es ist ein Sein. Es ist die Fähigkeit dieser Frauen, zu sein und mittendrin zu sitzen und dieses Leben wirken zu lassen. Und es ordnet sich dann.

Ein bisschen zulassen, dass das Leben uns überraschen kann, das denke ich, ist dieser kleine Moment von Chaos, der vielleicht in einem lebendigen Alltag notwendig ist.

Wir haben immer wieder über die Entscheidungs- und Unterscheidungsfähigkeit gesprochen, wie ich trainieren kann zu entscheiden, aber auch zu unterscheiden, und wann ich es am besten nicht trainiere und übe, sondern einfach zulasse. Brauche ich denn auf diesem Weg einen Lehrer oder eine Lehrerin?

Auf welchem Weg [lacht]?

Auf meinem Weg der --- na ja --- „spirituellen Entwicklung" gefällt mir nicht. Auf dem Weg zum Ganz-Werden, zum Heil-Werden, auf meinem Weg zur Einheit.

Es wird gesagt in Schriften, dass der ganze Weg, der Weg ganz nach Hause, nicht möglich ist ohne einen Lehrer. Mevlana Jalaluddin Rumi, der bei uns im Westen sehr bekannte Sufi-Dichter, sagte: „Wähle einen Meister, denn ohne ihn ist die Reise voller Sorgen, Ängste und Gefahren. Ohne Begleitung würdest du auf dem eingeschlagenen Weg verlorengehen. Gehe nicht allein auf dem Pfad." Man liest in vielen Schriften, dass es in hundert Jahren nicht geht, ohne dass man einen Führer hat, jemanden, der zumindest einen Schritt vorausgegangen ist, der die Gefahren auf dem Weg kennt und der gewisse Erfahrungen hat, weil man eben doch sehr leicht in die Irre gehen kann, wenn man ganz allein den Weg ganz zurück zu Gott geht. Aber die Frage ist natürlich abhängig davon, was ich will, wie weit ich gehen will. Wenn die Seele einen Lehrer oder eine Lehrerin braucht, kommt für den einzelnen Menschen der Punkt, an dem er beginnt, zu suchen, zu rufen oder ein bestimmtes Licht aufsteigen zu lassen.

Ein Leuchtfeuer.

Ja, das ist ein guter Begriff, ein Leuchtfeuer zu geben. Es ist eben nicht so, dass man loszieht und dann den Lehrer findet. Sondern der Lehrer findet dich und zwar aufgrund dieses Leuchtfeuers. Es ist eine Frage des Magnetismus und des Lichts. Ein Mensch, der dieses Leuchtfeuer nicht entzündet, wird auch nicht gefunden. Aber es ist dann auch nicht notwendig, weil er das Leuchtfeuer ja nicht entzündet hat [lacht]. So funktioniert das. Es ist ein gewisser Magnetismus, der mit Licht zu tun hat.

Aber man kann ein Stück des Weges alleine gehen. Man kann ein Stück des Weges auch damit gehen, dass das Leben der Lehrer ist. Es heißt: Das Leben ist der größte Lehrer. Natürlich nur, wenn wir unsere Antennen danach ausrichten, dass das Leben uns auch lehren kann. Ich meine, das tut es sowieso. Aber je besser wir kooperieren, desto schneller kommen wir voran [lacht]. Denn immer verweist der äußere Lehrer auf den inneren Lehrer.

Letztlich hängt die Frage nach einem Lehrer oder einer Lehrerin vom Schicksal der Seele ab, von der Intensität der Sehnsucht. Wenn ich wirklich ganz nach Hause gehen will – was bedeutet, eins mit Gott zu werden, selber nicht mehr da zu sein –, dann, so wird gesagt, braucht es immer einen Lehrer. Nur große Heilige sind davon ausgenommen. „Es ist leichter, einen Berg an einem Haar herumzuschleppen, als sich mit eigener Kraft von sich selbst zu befreien", so drückte es ein Meister aus dem 11. Jahrhundert aus. Auf diesem Weg wird das Ego vernichtet, und man kann sich nicht selbst vernichten. Das ist schwierig.

Aber auch ein Lehrer kann doch nicht mein Ego vernichten.

Nein, nicht eine Person, aber der Lehrer ist ein leerer Raum, durch den das Absolute direkt wirken kann und durch den einem Gnade in einer sehr gebündelten Form zufließen kann. Das ist allerdings für Menschen, die diese Erfahrung nicht haben, nicht leicht nachvollziehbar.

Das Schicksal meiner Seele – ist das festgeschrieben oder kann ich das für mich entscheiden?

Ich kann es nicht für mich entscheiden, weil wir Gott gehören und unsere Seele gehört zu Gott. Ja, es gibt auf eine gewisse Art ein geschriebenes Schicksal der Seele. Aber das bedeutet nicht, dass ich mich meinem Leben dann in einer Form von Fatalismus überlasse. Nein, wir haben diesen freien Willen. Das ist das Besondere, das Gott dem Menschen gegeben hat, dieser freie Wille. Das ist wie ein Rahmen, der uns gegeben ist, innerhalb dessen wir freie Entscheidungen treffen können.

Wir können uns zum Beispiel entscheiden, dass wir unseren Weg zurück zu Gott gehen. Jede Seele geht letzten Endes zu Gott zurück, aber wie viele Umwege sie macht, wie viele Sackgassen sie betritt, wie lange sie sich am Ende dieser Sackgassen aufhält, um dann wieder den Rückweg anzutreten, all das liegt in einem gewissen Maße in unserer freien Entscheidung. Das macht natürlich auch den Unterschied aus in der Frage nach einem Lehrer. Wenn ich mich entscheide, ich – koste es, was es wolle – will jetzt wirklich Gott, dann ist das Leuchtfeuer ziemlich groß und nicht zu übersehen und dann findet sich der Lehrer und er oder sie hilft mir dabei.

Vermeintliche Lehrer finden sich ja meist recht schnell und auch recht viele. Gibt es gewisse Kriterien, anhand derer ich den für mich in dieser Lebensphase richtigen, wahren Lehrer erkennen kann?

Ich weiß gar nicht, ob sich wirklich so viele Lehrer finden, vermeintliche ja, vielleicht …

Aber eigentlich glaube ich: Man spürt es tief im Herzen. Es gibt eine Art von Liebe, die man empfindet, die nur dahin gehört. Das ist nicht die Liebe, die man zu einem Partner hat oder die Liebe, die man für eine Mutter oder einen Vater empfindet, überhaupt zu einem Menschen. Es ist eine andere Art von Liebe. Man spürt das. Man weiß, diese Liebe ist auf eine Art so bedingungslos, ganz gleich wie der Lehrer sich verhalten würde oder wie er sein würde. Diese Liebe existiert, egal ob es mir damit gut oder schlecht geht.

Aber wenn man das nicht spüren kann – und vor diesem Gefühl erst einmal Kriterien abhaken will [lacht] –, dann ist beispielsweise ein Punkt der, dass der richtige, der wirkliche Lehrer jemand ist, der nicht meinen Vorstellungen entspricht. Der wirkliche Lehrer wird sich nie so verhalten, wie ich mir das vorgestellt habe. Er wird durch sein Sein immer wieder meine eigenen Konzepte durchbrechen. Er wird niemals meine Erwartungen bedienen, die Erwartungen meines Egos. Daran kann ich den echten Lehrer oder die echte Lehrerin erkennen. Wenn jemand sich Mühe gibt, meine Erwartungen zu erfüllen, dann ist es nicht der wirkliche Lehrer. Dann will er etwas entweder für sich oder für mich. Das ist eines der ganz wichtigen Kriterien.

Wir haben immer wieder über Mann und Frau gesprochen, über weiblich und männlich, über Eigenschaften und Qualitäten.

Am Anfang unserer Gespräche sagtest Du, dass es darum ginge, dass Männlich und Weiblich in einer neuen Weise zusammenleben, dass sie neu zusammenfinden, neu zusammenarbeiten. Was wäre denn ein Ausblick, wie könnte dieses Zusammenleben aussehen?

Würde ich das jetzt ausmalen, hätten wir bereits ein Konzept und es gäbe vielleicht Menschen, die sagen: „Oh, das Konzept hört sich nicht schlecht an. Das gefällt mir. Das übernehme ich." Dann würden sie versuchen, da hineinzupassen. Und es würde ebenso Menschen geben, die sagen: „Das gefällt mir überhaupt nicht. Das will ich nicht." Und dann ist das Ganze ein Spielball für unseren Verstand [lacht]. Es wäre etwas, das wir selbst kreiert haben. Man kann sich natürlich etwas ausmalen. Man kann es auch ein bisschen abstrakt ausdrücken. Aber wie das tatsächlich aussehen wird ...?

Soviel ist jedoch zu sagen – ich glaube, es ist etwas ganz Neues, es gehört zu einer ganz neuen Ära. Wir haben jetzt eine ganz lange Zeit gehabt, in der das Männliche dominant war. Davor hat es Zeiten gegeben, in denen das Weibliche dominant war. Und es ist etwas ganz Neues, wenn es darum geht, dass weder das Eine noch das Andere dominant ist. Wenn wir uns mit Weiblichkeit befassen, geht es ja nicht darum, eine Gegenantwort auf das Patriarchat oder das Männliche zu finden und jetzt den Ball wieder dem Weiblichen zuzuspielen. Die Beschäftigung mit dem Weiblichen ist vielmehr nichts anderes als eine Vorbereitung, ein Ausbalancieren, weil es wichtig ist, dass Frauen sich auf weibliche Qualitäten zurückbesinnen und ihre Fähigkeiten wieder der Welt geben.

Aber letzten Endes geht es darum, dass wir weder eine männlich noch eine weiblich betonte Welt haben, sondern etwas Drittes. Nämlich ein Leben, in dessen Miteinander etwas Neues entsteht. Dieses Neue hat mit dem Bewusstsein von Einheit zu tun, das im Moment in der Welt Eingang finden will. Wie wir das leben werden, das ist noch nicht wirklich sichtbar hier in dieser Welt. Wir können sagen, es hat sich noch nicht letztlich manifestiert. Wir müssen im Grunde im Moment einen Zustand des Nicht-Wissens aushalten, ein Nicht-Wissen, das auch verwandt ist mit den weiblichen Qualitäten, über die wir gesprochen haben.

Die Leere, dieses Empfangende, hat auch etwas mit dem Nicht-Wissen zu tun, mit einem Nicht-bereits-definiert-Haben. Aber es scheint so, als habe die Menschheit zusammen noch gar nicht wahrgenommen, dass das Alte zu Ende ist, die alte Form zu leben, das Bewusstsein, in dem wir vorher lebten. Die Menschheit ist im Moment verwirrt. Manche Strukturen, die Teil des Alten waren, werden noch einmal ganz stark und bäumen sich dagegen auf unterzugehen. Das Ganze markiert eine Zeit des Übergangs.

Wir befinden uns mitten in einem Übergang, also auch im Chaos. Es ist möglicherweise wichtig, dass wir dies insgesamt stärker begreifen. Und auch das ist wichtig: Wenn etwas Neues in die Welt kommen will und wir dieses neue Leben wollen, so ist die einzige Möglichkeit, das zuzulassen, so dass es geschehen kann, dass wir uns nicht zu schnell neue Konzepte machen. Schon gar nicht ein Konzept von einem neuen Gesicht Gottes, welches noch gar nicht hier ist, welches sich noch nicht manifestiert hat.

Wir können jedoch die Grundpfeiler legen. Wir können uns selber danach ausrichten. Wir können uns dafür öffnen. Das ist unsere Mitarbeit: Die Möglichkeit geben, dass sich entfalten kann, was sich entfalten möchte. Aber ich scheue mich sehr davor, Konzepte und Bilder zu entwerfen darüber, wie das aussehen könnte. Es ist noch nicht hier. Wir gehen schwanger damit, oder vielmehr das Leben geht schwanger damit, aber es ist noch nicht geboren. Manche Menschen wollen schon vor der Geburt genau wissen, wie das Kind, mit dem sie schwanger gehen, aussieht. Aber ich finde es besser, zu warten und zu fühlen und dann zu schauen, wenn es sich zeigt.

Dieses Nicht-Wissen, das Du gerade angesprochen hast – was ist das? Ein Wissen von einem Nicht-Wissen, ein Spüren von einem Nicht-Wissen, ein Ahnen?

Ja, da ist von allem etwas drin. Aber was ist der eigentliche Punkt? Ja, es ist ein Ahnen. Es ist auch ein Wissen von allem Nicht-Wissen. Es ist der Zustand, den ich in tiefster Meditation haben kann, wo ich mich in eine absolute Leere begebe, in der Alles enthalten ist und in der es trotzdem leer ist. Es ist

– vielleicht ganz einfach ausgedrückt – das Eingeständnis darein, dass Er weiß und nicht ich.

Und dass ich das weiß …

Ja, dass ich ein Bewusstsein davon habe. Und mich mit meinen Konzepten zurückhalte, weil Konzepte bedeuten, dass ich etwas für mich selbst herausziehen will.

Aber ich kann schon noch ein wenig zu dem neuen Zusammenleben von Männern und Frauen sagen. Ich will mich da nicht aus der Affäre ziehen. Ich möchte nur achtsam sein. Es sollte nicht als ein Wissen über die Zukunft verstanden werden, und ich möchte auch keine Konzepte für die Zukunft entwerfen.

Es gibt natürlich die Vision, dass das Männliche sich seiner selbst bewusst wird und dass ebenso das Weibliche sich seiner selbst bewusst wird und dass es eine Möglichkeit gibt, wie beides in der Schöpfung zusammenarbeiten kann. Und zwar nicht in einer Polarisierung, sondern in der Dualität. Das sind zwei verschiedene Dinge. Wenn etwas polarisiert wird, kämpft es gegeneinander. In der Dualität ergänzt und befruchtet sich beides und arbeitet zusammen. Ich habe nicht das Gefühl, dass es um einen androgynen Menschen geht, dass es also darum geht, dass es weder Fisch noch Fleisch ist [lacht].

Das wäre ja auch schade … [lacht]

Finde ich auch. Das wäre ein großer Verlust … [lacht]

Wir sind nun fast am Ende der Gespräche angekommen. Wir haben viel darüber gesprochen, wie das Licht in den Alltag zurückgebracht werden kann. Liegt Dir diesbezüglich noch etwas am Herzen?

Ja, ich würde gern noch auf zwei Punkte hinweisen. Der erste ist etwas ganz Praktisches, Einfaches:

Eine Hilfe für einen Alltag Mit Gott oder Für Gott oder In Gott ist eine gewisse klare **Ethik**, nach der wir uns richten können. Ich meine damit nicht eine religionsgebundene Ethik oder eine gesellschaftliche Moral, sondern eine Ethik, die die gesamte Menschenfamilie, uns alle miteinander betrifft, unabhängig von Religions-, Kultur- oder Gesellschaftszugehörigkeit.

Die wichtigsten Aspekte für mich sind darin: Erstens der Respekt vor der Schöpfung, vor dem Leben – vor den Menschen, Tieren, Pflanzen, der Erde, allen Dingen, mit denen ich umgehe. Dies schließt auch meine Selbstachtung ein. Das zweite ist die Arbeit an mir selbst. Das bedeutet, mich selbst immer wieder zu hinterfragen, zu beobachten, mit welcher Haltung ich lebe, was ich aussende, was von mir ausgeht und in die Welt wirkt. Der dritte Aspekt hängt damit zusammen: Der Grundsatz des Nichtverletzens. Ich versuche, bei allem, was ich tue, niemanden zu verletzen. Das natürlich gelingt keinem „Normal-Sterblichen" in dieser Absolutheit. Aber man kann es anstreben.

Diese ethischen Gesichtspunkte haben mit der Liebe zu tun, mit der wir allem begegnen, wenn wir Licht in den Alltag bringen. Sie können eine hilfreiche Richtschnur für den ganz gewöhnlichen Alltag sein.

Der zweite Punkt - auch wenn er vielleicht erst einmal zu wenig praktisch oder zu esoterisch klingt - ist, dass das Licht-in-den-Alltag-Bringen auch etwas damit zu tun hat, dass wir wieder erkennen oder wieder in unser Bewusstsein zurückbringen, dass die Welt selbst ein Licht hat. So wie jeder einzelne Mensch ein Licht in sich trägt, so hat die Welt als Ganzes ein Licht. Dieses Licht in der Welt wartet darauf, wieder zu erwachen.

Im Moment befindet sich die Welt in einem Dämmerzustand, in einer Art Halbschlaf, und dieses Licht ist zwar da, aber es kann nur erweckt werden durch eine Kommunikation zwischen dem Licht in jedem Einzelnen und diesem Licht in der Welt. Diese Kommunikation findet genau im Alltag statt, weil der Alltag der Punkt ist, an dem mein Licht dem Licht der Welt begegnet. Im Grunde ist es natürlich so, dass mein Licht oder Dein Licht ein Teil des Lichts der Welt ist, also zum Licht der Welt gehört, weil wir ein Teil der Welt sind. Die einzelne Seele hat das Licht in sich selbst vielleicht schon mehr erweckt und kann durch die Kommunikation mit dem Licht der Welt helfen, dass das Licht insgesamt in der Welt wieder erwacht. Das würde bedeuten, dass man sich wirklich in unserer Welt wieder erinnert, dass die Welt zu Gott gehört und dass die Welt selbst Seine Spiegelung ist. Und wir würden beginnen, mit den Dingen in dieser Welt wieder anders umzugehen, sie wieder zu respektieren und ein harmonischeres Leben miteinander zu führen.

Im Moment ist die Welt in einem schrecklichen Zustand. Das hat damit zu tun, dass das Licht in der Welt matt geworden ist, weil es die Erinnerung an Gott kaum noch gibt. Wenn das Licht wieder erwacht, ist die Erinnerung Gottes wieder allgegenwärtig. Es geht um diese Verbindung oder das Wissen oder das Gewahrsein darum, dass die Welt selbst ein Licht hat, dass unsere Erde ein inneres Licht hat.

In dem Moment, in dem ich meinen Alltag lebe, in dem ich mit den Dingen umgehe, die mich umgeben, mit den Menschen und mit dem Beziehungsgefüge in dieser Welt, in dem Moment, in dem ich dieses Gewahrsein gleichzeitig habe, findet eine Kommunikation zwischen dem Licht in mir und dem Licht in dieser Welt statt. Das Licht ist nicht mehr getrennt voneinander. Das Bewusstsein ist der Schlüssel. Das hilft der Welt zu erwachen.

Dieses Licht der Erde kann also wieder heller werden, wenn – bildlich gesprochen – viele kleine Alltagslichter wieder heller werden?

Wenn wir auch die Verbindung wieder herstellen. Wenn wir die Welt nicht alleine lassen.

Wie muss ich mir das konkret vorstellen?

Durch das Bewusstsein im Alltag, durch den Umgang mit der Welt. Jede kleine Handlung, die ich tue, hat eine Auswirkung auf die ganze Welt. Sie ist nicht isoliert. Ich lebe nicht isoliert. Meine Gedanken sind nicht isoliert. Und meine kleinen Handlungen im Alltag sind gleichfalls nicht isoliert. Sie wirken auf das gesamte Gefüge ein, immer. Sie bleiben niemals ohne Wirkung für das Ganze.

Dass wir beide hier sitzen, hat auf irgendeine Weise eine Wirkung auf das Ganze, ohne dass wir wissen, welche, und wir müssen es auch gar nicht wissen.

Aber wenn wir wissen, dass es eine Wirkung hat und es in diesem Wissen tun, verbinden wir uns in dem Moment schon, verbinden wir unser Licht mit dem Licht der Welt. Und das hilft der Welt als ganzem Organismus, sich wieder zu erinnern.

Sich zu erinnern, wo sie herkommt?

Ja, sich zu erinnern, wo sie herkommt, wo sie hingeht, wo sie hingehört. Es gibt eine Überlieferung, die sagt: Wenn die Welt Gott vergisst, dann wird Gott die Welt vergessen. Unsere Welt hat ihn noch nicht ganz vergessen, aber sie ist sehr nah dran. Und wir – wir müssen nicht dafür kämpfen, wir müssen auch nicht 24 Stunden am Stück meditieren oder sonstige Aktionen machen. Es geht vielmehr darum, dass wir diese Verbindung halten – in unserem Leben, da, wo wir mit der Welt in Verbindung stehen, nicht da, wo wir aus der Welt rausgehen, sondern mitten in unserem Leben. Wenn wir damit das Licht in unseren Alltag bringen, helfen wir für die Welt, dass das Sich-Erinnern bleibt. Im Grunde ist es eine Art Geburtshilfe für das Erwachen der Welt. Wir können helfen, wir gebären nicht selbst. Das kommt von woanders her. Das ist eine Gnade, die aus anderen Dimensionen kommt [lacht].

Dieses Sich-Erinnern ist das, was wir besprochen haben?

Ja. Es zeigt sich ganz praktisch. Wenn ich etwas im Alltag tue, ist es ein Unterschied, ob ich denke „**Ich** mache das", oder ob ich es zumindest in dem Bewusstsein tue „ich mache das mit Ihm zusammen". Dabei geht es nicht um ein Perfekt-Sein, Die-Dinge-besonders-gut-Machen oder Keine-Fehler-Machen oder – Keine-Teetassen-Verschütten [lacht].

Worum geht es dann [lacht]?

Es geht um die Haltung, mit der ich die Dinge tue, und um das gemeinsame Lachen mit Ihm, wenn Teetassen verschüttet werden [lacht].

Angela Fischer

widmet ihre Arbeit und ihr Leben der Einheit von Spiritualität und Alltag (www.einheit-des-lebens.net). Sie leitet Retreats und Seminare zu Meditation und Traumarbeit und folgt selbst einem mystischen Pfad. Angela Fischer lebt mit ihrem Mann und ihren vier Kindern in Norddeutschland.

Eva Mayer

schreibt und verlegt Bücher und Hörbücher.
Sie lebt mit ihrem Mann und ihrem Sohn in Süddeutschland.

Stichwortverzeichnis